Del buen uso de los árboles

Colección *Semillas*
nº 2

FRANCIS HALLÉ

Del buen uso de los árboles

Llamamiento a los cargos electos y a los tecnócratas

Traducción
Fernando Calderón Quindós

LIBROS DEL JATA
2024

Título original:
Du bon usage des arbres.
Un plaidoyer à l'attention des élus et des énarques

© Actes Sud, France, 2011 de la edición original.

© de esta edición:
    Libros del Jata S.L., 2024
    Alameda Recalde 27, 1º
    48009 Bilbao
    www.librosdeljata.com

© Fernando Calderón Quindós 2023 de la traducción.
© Josep Manel Fernández 2024 del prefacio.
© Ignacio Abella 2024 del postfacio.

Primera edición: abril de 2024

IBIC y THEMA: WMPS

ISBN: 978-84-16443-22-2
Depósito legal: BI-477-2024

Impreso en España. Impresión: Grafilur

FSC
www.fsc.org
MIXTO
Papel
FSC® C116691

Índice

Prefacio

de
Josep Manel Fernández López

Presidente de la Asociación Arβoleda
Expresidente de la Asociación
Española de Arboricultura

Prefacio

Hablar de Francis Hallé es hablar de uno de los botánicos más importantes de estos dos siglos. Es cierto que en general no es conocido por el gran público, claro que si decimos que es uno de los precursores de la arquitectura de las plantas…, sí, de la arquitectura de las plantas, el análisis de cómo crecen todas las plantas… Es decir, al igual que vemos cómo va desarrollándose un edifico poco a poco, las plantas también tienen esa facultad. Aunque los humanos hacemos muchos modelos de edificios, en las plantas solo conocemos (de momento) 24 modelos de crecimiento. Pero no queda aquí su aportación, ésta llega a todas las personas que trabajamos con los árboles, tanto sea en el campo como en la ciudad.

A nosotros, los que trabajamos con los árboles en las ciudades, nos descubrieron él (y todos los científicos que han seguido su trabajo en la Universidad de Montpellier) cómo gestionar los árboles de las ciudades.

Entender qué programa de crecimiento endógeno tiene un árbol nos da datos para saber o por lo menos aproximarnos a cómo será su reacción a un contratiempo, léase rotura de rama por viento o por poda, lo que supone una ventaja en la gestión diaria de los árboles en las ciudades: es un indicio de cómo va a reaccionar y, así, cómo debemos actuar.

Se acabó lo de podar drásticamente (según decían, ¡se rejuvenecían!). Hoy en día sabemos que no es así, que se van deteriorando poco a poco y que no es conveniente podar, excepto en contadas ocasiones.

¡Se acabó desmochar! Eso servía en la economía de supervivencia para calentarse y cocinar…, pero hoy en día ya no estamos ahí, o sea que dejemos de maltratar a los árboles.

Los mismos árboles nos muestran cómo trabajar con ellos. Solo es necesario que los leamos bien, los analicemos y veamos por dónde es necesario intervenir, o dejar de intervenir, que también es una forma de gestión.

Francis Hallé, Claude Édelin, Daniel Barthélémy, Christophe Drenou, Yves Caraglio…, en fin, una multitud de científicos que han seguido la arquitectura de las plantas, nos han dado con sus libros y artículos la herramienta esencial para cuidar y mimar a los árboles.

Francis, en unos párrafos de este libro, menciona cómo los políticos escogen a especialistas para arreglar una capilla, cueste lo que cueste, pero no lo hacen así para gestionar sus árboles. Además, en los últimos estudios realizados en Cataluña se demuestra que los árboles, aparte de darnos O_2 y capturar CO_2, retienen infinidad de partículas menores de 10 y de 0,5 micras..., retienen importantes cantidades de metales pesados etc... Un ejemplo concreto: un plátano pequeño puede capturar 0,551 kg de cobre al año, y una ciudad que tenga 4.935 plátanos habrá retenido un total de 3.383 kg de metales pesados, según datos de Ilersap (laboratorio de análisis El Pla, Lleida).

Francis Hallé comienza este libro reconociendo su ingenuidad al esperar que lo lean los políticos, una ingenuidad que es aún mayor al pensar que lo fueran a hacer con provecho.

Hoy en día ya se empiezan a conocer todos los beneficios de los árboles. Pero es que con el aumento de temperaturas debido al cambio climático, va a ser esencial que las ciudades tengan árboles suficientes para mitigar tales efectos. Y que los árboles produzcan todos sus beneficios solo será posible si se cuidan debidamente, no masacrándolos.

Por último, no podemos estar más de acuerdo en la idoneidad de dirigir este llamamiento a los políticos. Porque los ciudadanos constatamos en la mayor parte de ellos una ignorancia enorme en lo que se refiere a entender los árboles.

Es indudable que, si los árboles votasen, los cargos electos los tratarían con más respeto.

Del buen uso de los árboles:

Llamamiento a los cargos electos y a los tecnócratas

Puesto que hay que cambiar las cosas
¡A los árboles, ciudadanos!
¡Ha llegado la hora de que propongamos
un mundo para mañana!

Yannick Noah
Letra de **Cyril Tarquiny**

Para que un ecologista fuera elegido presidente,
haría falta que los árboles votaran.

Coluche
(Michel Colucchi,
humorista francés)

Prólogo

Escrito bajo la presión de las circunstancias, a petición de amigos incapaces de soportar el maltrato y destrucción injustificados de los árboles que hermoseaban su entorno, este manifiesto va dirigido a ustedes, los cargos electos, sobre quienes recae la responsabilidad de estos árboles. Soy ingenuo: espero que lo lean. Más ingenuo aún: espero que lo hagan con provecho.

¿Por qué dirigirse a los cargos electos? Porque nosotros, los ciudadanos, constatamos en la mayor parte de ellos un déficit monstruoso en materia de comprensión de los árboles. Esto no tiene nada que ver con las sensibilidades políticas, y aquellos a quienes me dirijo se sitúan tanto a la izquierda como a la derecha, tanto en los extremos como en el centro. Pero ustedes, los cargos electos, no son los únicos concernidos: si los arquitectos, urbanistas, promotores y contratistas de obras públicas aprendiesen algunas ideas elementales acerca de los árboles, y principalmente de los árboles de ciudad, todos saldríamos ganando. Estos oficios manifiestan a veces una lamentable incomprensión, incluso un verdadero desprecio por los árboles, con los que se tropiezan a menudo en el desempeño de sus labores.

Las citas que siguen muestran que la incomprensión hacia los árboles está sólidamente arraigada, así como el miedo e incluso el odio que a veces inspiran. Es un campo en el que muchas cabezas ilustres han dado testimonio de un desconocimiento pleno.

Hace un rato estaba yo en el Jardín público. La raíz del castaño se hundía en la tierra, justo por debajo de mi banco (…). El absurdo no era una idea en mi cabeza, ni un hálito de voz, sino esta larga serpiente de madera. Serpiente o garra o raíz o garfas de buitre, poco importa (…). No había nada con respecto a lo cual esta raíz no fuera absurda (…). «Pero, ¿por qué, pensaba yo, por qué tantas existencias si todas se parecen? ¿A cuento de qué tantos árboles, todos parecidos, tantas existencias malogradas y obstinadamente recomenzadas y de nuevo malogradas, como los torpes esfuerzos de un insecto caído de espaldas?

Jean Paul Sartre, *La Náusea*, 1938.

Estamos cansados del árbol. No debemos creer ni en los árboles, ni en las raíces ni en las raicillas. Hemos sufrido demasiado por ello (…). La arborescencia es justamente el poder del Estado (…); las escuelas, las sectas, las capillas, las iglesias, las vanguardias y las retaguardias son aún árboles que, tanto en su elevación como en sus ridículas caídas, aplastan todo lo que sucede de importancia.

Gilles Deleuze, *Rizoma*, 1976.

ESTRAGÓN. — Un árbol no sirve para nada, no sirve más que para ahorcarse…
(*Es la opinión de Estragón, no la de Beckett, quien adoraba los árboles.*)

Samuel Beckett, *Esperando a Godot*, 1953.

¿Las secuoyas?, vista una, vistas todas.

Ronald Reagan, entonces presidente de los Estados Unidos, de regreso de California donde había descubierto las secuoyas, los árboles más grandes del mundo.

Las plantas, formidable linaje regresivo cuyo significado en la evolución parece nulo.

Albert Vandel (Profesor universitario y miembro de la Academia de las Ciencias), *El hombre y la evolución*, 1949.

¿Por qué son tantos los cargos electos que detestan los árboles? Tal vez porque están vivos, cualidad que a sus ojos debería estar reservada al ser humano. Muchos de los profesionales de la política no ven en los árboles de las ciudades más que mobiliario urbano, como un cartel publicitario o un bolardo de estacionamiento; sin embargo, crecen con el paso del tiempo, y no tienen la docilidad de una farola o de un parquímetro. De ahí viene la tentación, a la que sucumben tantos responsables municipales, de reemplazarlos por jardineras verticales que cuelgan de postes metálicos a modo de troncos. Regarlas sale caro, pero al menos no crecen.

Se pierde de vista que los árboles son seres vivos, y que necesitan aire, agua, luz, vida social, espacio y tiempo, como los necesitamos nosotros mismos. Puesto que son subterráneas y difíciles de ver, con frecuencia olvidamos sus numerosas raíces, a veces más largas que sus ramas, y cuyo papel es vital.

Los árboles merecen algo más que la escasa estima en que los tenemos, ya que están vivos y son bellos, útiles, discretos, robustos, silenciosos, autónomos, reconfortantes, fáciles de satisfacer y de una completa no violencia. Les hago esta pregunta: de ustedes, los cargos electos, ¿se puede decir lo mismo?

Montpellier, donde yo vivo, ofrece desde hace cincuenta años el mismo espectáculo entristecedor propio de los municipios que tratan los árboles con desprecio: se apean plátanos magníficos en virtud de razones técnicas supuestamente demasiado complejas para ser comprendidas por el público, se implantan con gran gasto venerables palmeras traídas del Magreb y abocadas a una muerte segura, se fomenta el engaño con miserables «árboles en maceta» y se abaten los almeces en plena noche con el propósito de escapar de la venganza popular. Pero si a ustedes, los cargos electos de Montpellier, no les importan los árboles, sí les importan sus electores, por lo que no dudan en hacer falsa publicidad: «Montpellier, la ciudad donde se plantan árboles». Muy bien, pero no tenemos por qué comulgar con ruedas de molino. Mis conciudadanos, que tienen buena memoria, se acuerdan de proyectos absurdos que fueron abandonados cuando los habitantes se organizaron para manifestar su descontento: fue así como muchos árboles de hermoso follaje lograron ponerse a salvo. Moraleja: si los árboles votasen, ustedes, los cargos electos, los tratarían con más respeto. Me opongo con vehemencia a los cargos electos de Montpellier porque es aquí donde vivo pero, por supuesto, salvo raras excepciones, lo mismo ocurre en toda Francia y en no pocos lugares del mundo.

¿A quién otorgaremos el «premio Limón»? ¿A los árboles artificiales, medio pinos, medio robles, de la estación Saint-Charles de Marsella? ¿Quizás al municipio de Nîmes, laureado en 2010 con el premio nacional del Árbol concedido por el ministerio de Ecología, lo que no ha impedido la tala de los almeces y los plátanos cuya belleza contribuye a la reputación de la ciudad? Se rumorea en Nîmes que el objetivo de la operación ha sido sustituir los árboles por cámaras de vigilancia. Aunque podría tratarse de más árboles falsos, de metal y plástico, que salpican nuestro territorio nacional, y que en realidad no son más que antenas de telefonía móvil disfrazadas; árboles falsos, pero imposturas reales: ¿cómo es posible que quienes toman las decisiones no se den cuenta de que eso obra en perjuicio suyo ante la opinión pública?

Les ruego, señoras y señores electos, que no tomen a sus electores por idiotas o ignorantes: individualmente, a menudo saben muy bien de qué modo gestionar su entorno cotidiano; colectivamente, se encuentran al corriente de las cuestiones ecológicas, incluso de las más sofisticadas. Por numerosas razones ligadas al ejercicio de sus derechos de seres humanos —derecho a la diversidad natural, a la alteridad, a la estética, a la reflexión espiritual, filosófica, poética, y quizás también, simplemente, derecho al murmullo del viento en las ramas, derecho al canto de las palomas al alba, a la sombra al mediodía y al ruiseñor por la noche— están abrumadoramente a favor de los árboles, sobre todo de los árboles grandes y bellos, ni podados ni peligrosos.

Quienes planifican «nuevas ciudades» o «nuevos barrios» harían bien en proyectar primero espacios verdes y arboledas: la construcción de carreteras y edificios sólo vendría después, en coherencia con las plantaciones preexistentes. Si se empieza por los edificios, ya no hay lugar para los árboles. Como nos recuerda Caroline Mollie, el trazado de los Campos Elíseos y los árboles plantados por Le Nôtre se hicieron en plena campiña, de ahí la excepcional belleza de la famosa avenida.

Si la duración de un mandato electoral resulta demasiado corta para permitir a los cargos electos ocuparse de los árboles con la paciencia y el cuidado necesarios, ¿no haría falta crear una estructura competente y estable dedicada a los árboles de la ciudad? Después de todo, el mantenimiento de una capilla románica es responsabilidad de los especialistas, no de los cargos electos.

Por supuesto, algunos de ustedes son competentes en materia de ecología; conozco a algunos con un conocimiento exquisito de los árboles. Estos últimos saben bien que este llamamiento no ha sido escrito para ellos, aunque tal vez les reconforte constatar que existe y que tienen la posibilidad de ponerlo en manos de colegas suyos menos avezados a quienes esta lectura podría servir para formarse una idea más precisa de lo que es un árbol.

Algunas ciudades disponen de peronal competente y dedicado, y dispensan a su arbolado los mejores cuidados: Lyon, Nantes, Ginebra, Berlín o Washington son algunos ejemplos, lo que demuestra que no estoy pidiendo la luna y que el conflicto entre el árbol y la ciudad no tiene nada de inexorable. Ante las dificultades ecológicas que la humanidad afronta en este nuevo milenio, no podemos permitirnos ignorar a estos seres vivos silenciosos, que son nuestros mejores aliados y se baten el cobre a nuestro lado.

Igual que un árbol tiene raíces, tronco y ramas, este llamamiento se ordena en tres tiempos.

1. *Les invita a dirigir una mirada nueva sobre el árbol.*
   Para comenzar, querría mostrarles el valor de los árboles y por qué los seres humanos harían bien en tratarlos con mayor consideración. La

investigación científica progresa: desde hace medio siglo, nuevos conceptos se acumulan, procedentes a veces de regiones muy alejadas, fuera de Europa, y nuestra visión colectiva del árbol se enriquece extraordinariamente. Hay mucho que esperar de esta forma nueva de ver el árbol: durante mucho tiempo, no fue más que un enemigo del agricultor y una simple fuente de madera; ahora se ha convertido en un socio y un amigo.

2. *Reformula su responsabilidad de cargos electos.*
Expondré la cuestión del «árbol en ciudad», ya que este es el principal asunto en el que esperamos que ustedes muestren conocimiento y sabiduría: una expectativa, por desgracia, demasiadas veces defraudada. Una problemática particular será discutida en un tercer capítulo, la de los árboles de alineación en las carreteras y las dificultades que provocan, tanto a la circulación de los automóviles como a su responsabilidad política.

3. *Pretende mostrarles por qué los árboles nos hacen tanto bien.*
En una perspectiva más filosófica, intentaré mostrarles que los árboles son nuestros mejores aliados en la lucha contra la degradación

de nuestro entorno vital. ¿Existen mejores modelos de desarrollo sostenible que los árboles? Una cesta de albaricoques apetitosos para quien me presente esta *rara avis*. No tengamos miedo de nuestros extraños y simpáticos vecinos, admirémosles, inspirémonos en sus cualidades y no dudemos en tomarlos por modelos siempre que las circunstancias lo requieran. «Seamos árboles», nos aconseja el filósofo Michel Serres [1].

1
Una nueva mirada al árbol

Yo dejé a mi roble
tan canalla soy,
mi roble compañero,
era mi otro yo.
Los dos de igual madera,
algo rústica y oscura,
con la que todo se hace
salvo, naturalmente, flautas…

[…]

Cerca de mi árbol,
yo vivía feliz,
nunca debí
alejarme de mi árbol…
Cerca de mi árbol, yo vivía feliz,
nunca debí,
alejarlo de mi vista.

Georges Brassens

Una nueva mirada al árbol

¿Sabían que los árboles son una de las realidades más importantes de la vida en la Tierra? De momento, se conocen más de 73.000 especies.[†] Insisto en que «de momento», ya que esta cifra aumenta con rapidez: cada año se descubren nuevas especies de árboles, incluso en lugares donde la exploración se había dado por concluida mucho tiempo atrás. Una nueva especie de palmera, un árbol enorme de 18 metros de altura, cuya floración se ha podido contemplar en imágenes de satélite, se encontró en Madagascar en 2008. La palmera malgache más grande se llama ahora *Tahina spectabilis*.

Los árboles son los seres vivos más grandes: las secuoyas de California y los *Eucalyptus regnans* del sur australiano pueden alcanzar los 120 metros de altura, sin contar las raíces, es decir, dos veces la altura de las torres de Notre-Dâme de París. En

† Frente a 4800 especies de mamíferos o 9600 de aves.

comparación, nuestras ballenas más grandes, las ballenas azules, apenas superan los 30 metros de longitud.[†] También ha sido así en el pasado: en el Jurásico, los dinosaurios más grandes eran enanos al lado de los árboles de esa época, coníferas del género *Araucaria* semejantes en altura a las que se cultivan hoy con fines ornamentales en la Costa Azul o en la Riviera italiana.

Los árboles son también los seres vivos más longevos. Contrariamente a lo que piensan los periódicos del Midi, un olivo centenario no tiene nada que pueda impresionar a los lectores: en mi región, de fuerte tradición olivarera, un «olivo centenario» evoca a un niño en pantalones cortos. Como se puede ver en Roquebrune-Cap-Martin, cerca de Menton, ¡este árbol es capaz de vivir 2000 años! Cuando alcanzan esta edad, los árboles se vuelven «clones», con decenas o centenares de troncos que crecen unos a partir de otros mediante un mecanismo «vegetativo» parecido al esquejado, en el que la sexualidad no desempeña ningún papel.

He contemplado en California una secuoya a la que llaman *El Partenón*, un clon de una decena de

---

[†] Algunas lianas tropicales son de una longitud mayor: el ratán de Asia sobrepasa los 400 metros, pero las lianas tienen que trepar, y no pueden vivir sin la presencia de los árboles.

troncos que adoptan la forma de enormes columnas griegas; tiene 3000 años de edad mientras el Partenón de Atenas tiene solo 2400. Cuando Pericles ordenó la construcción del templo de Atenea en la Acrópolis, nuestro árbol tenía ya 600 años, 100 metros de altura y 4 metros de diámetro. Nosotros, los herederos intelectuales de la antigua Grecia, podemos colegir de ello que toda nuestra civilización grecolatina se encuentra en la vida de un árbol. Esta conclusión no afecta de ningún modo a nuestra dignidad; de hecho, se me antoja más bien reconfortante, como cada vez que el hombre reencuentra su lugar preciso en la naturaleza.

A mediados del siglo XIX, los árboles más viejos de los que se tenía conocimiento eran pinos californianos cuya germinación había tenido lugar 5000 años antes, durante la construcción de las pirámides de Egipto, lo que no está nada mal. A continuación, hemos visto sucederse uno tras otro los récords de longevidad: 10.000 años para clones de álamos en Utah, 11.000 años para clones de *Larrea* en el desierto de Mojave, 13.000 años para clones de *Vaccinium* en Pensilvania. El récord actual, ostentado por un clon de acebo real (*Lomatia*) de los montes de Bathurst en Tasmania, tiene 43.000 años; este árbol es, en consecuencia, contemporáneo del hombre de Neandertal, de lo que podemos concluir que toda la historia de nuestra especie zoológica se encuentra en la vida de un árbol.[†] También en este caso me reconforta el cuestionamiento de nuestra escala temporal, ya que devuelve al ser humano una humildad a la que no está acostumbrado.

¿Cómo logran estos organismos vivir tanto tiempo, a tal punto que a veces damos en atribuirles una «inmortalidad potencial»? Interesante pregunta.

Comprendan, por lo demás, que no hay que generalizar, ya que la vida de muchos árboles es breve, comparable a la duración de una vida humana, cincuenta o cien años; sirvan de ejemplo nuestro abedul europeo o los árboles paraguas (*Musanga cecropioides*) dispuestos al borde de las carreteras en los bosques tropicales de África.

En cuanto a los árboles que más viven, la «inmortalidad potencial» se basa en dos realidades distintas: la juventud del genoma y la estructura colonial.

---

† La *Lomatia* de Tasmania comprende varios cientos de troncos que forman en conjunto un bosquecillo que se extiende por algo más de un kilómetro. No cambia con la edad, que se calcula midiendo la velocidad de propagación del clon: La semilla inicial germinó realmente en el Pleistoceno y desde esta época, la de los neandertales, el árbol no ha dejado de vivir [2].

Para apreciar en su justo valor la juventud del genoma, es preciso saber que nosotros, pobres humanos, tenemos un programa de senescencia que implica la «extinción» de un número creciente de nuestros genes a medida que transcurren los años; esta extinción, que puede compararse con la de una vela, es, por desgracia, irreversible: en el ser humano, un gen «apagado» no vuelve a encenderse.

Por el contrario, en los árboles la extinción es reversible y de una periodicidad anual. Al comienzo de la primavera, cuando las yemas se abren, los genes apagados a lo largo del año retoman su actividad y el árbol encuentra entonces un genoma juvenil, idéntico al que poseía durante su germinación.

De este modo, a nivel genético, se advierte una formidable diferencia entre ellos y nosotros: todo ser humano, incluso un primer ministro, tiene un «programa de senescencia»; no así un castaño, un tejo o un olivo.

Para comprender la estructura colonial y sus ventajas en términos de longevidad, hay que saber que el crecimiento de un árbol, aun cuando parezca complejo, nunca es aleatorio; está guiado permanentemente por un programa genético de crecimiento y de desarrollo.

Si, en el curso de la vida del árbol, este programa se desarrolla una sola vez, se dice que el árbol es unitario. Los árboles del Carbonífero (*Lepidodendron*) eran unitarios, como lo son algunos árboles actuales: palmeras, árbol paraguas africano, árbol de la nuez moscada, helechos arborescentes o araucarias. De gran valor estético, muy útiles como ornamento, estos árboles unitarios tienen sin embargo una especie de defecto: su vida es breve, algunos siglos, no más. ¿Por qué mueren? Porque sus partes altas ya no reciben el agua que necesitan y son incapaces de transformarse en clones, precisamente porque son unitarios.

Es raro que los árboles sean unitarios. En su mayor parte son coloniales,[†] ya que sus programas genéticos de crecimiento y de desarrollo acontecen varias veces a lo largo de su existencia. Por un mecanismo que los arboricultores denominan «reiteración» (o repetición), los árboles jóvenes se amontonan unos sobre otros, a veces por

---

[†] Nótese que el término «colonial» tiene dos acepciones distintas y algo contradictorias, una política y otra biológica. Cuando se emplea en referencia a las empresas coloniales, significa «que invade» o que es «invasiva». En nuestro caso, implica la instauración de una asociación tan íntima de diferentes individuos elementales, que de ella nace un ser colectivo, una especie de «meta-individuo», en absoluto invasivo, cuyo mejor ejemplo es el arrecife de coral.

millares, hasta adoptar la forma de una colonia comparable a un arrecife de coral.

Dado que es difícil imaginar que un árbol pueda crecer sobre otro, propongo estas imágenes de la «reiteración», a lo largo del tiempo, en algunas especies arbóreas (ilustración 1).

El abandono de la forma unitaria en provecho de la forma colonial se traduce en una mayor esperanza de vida del árbol: la colonia vive mucho más tiempo que cada uno de los individuos elementales que la componen.

Existe cierto paralelismo con lo que sabemos de los animales fijos: a las anémonas de mar, que son unitarias, se oponen las gigantescas colonias de minúsculos pólipos que forman los arrecifes de coral. También en este caso, el paso de la unidad a

———————

(Doble pg. sig.) Ilustración 1. La reiteración o cómo crecen unos árboles sobre otros.

Tres árboles europeos, el plátano, el roble y el álamo, muestran el modo en que adquieren, con el tiempo, una estructura colonial.

En el árbol tropical *Schefflera* se ve cómo cada elemento de la colonia posee sus propias raíces. Los interiores parisinos tienen a menudo *Schefflera* «en macetas»; una navaja para retirar la corteza y un poco de paciencia bastan para comprobar la existencia de estas raíces.

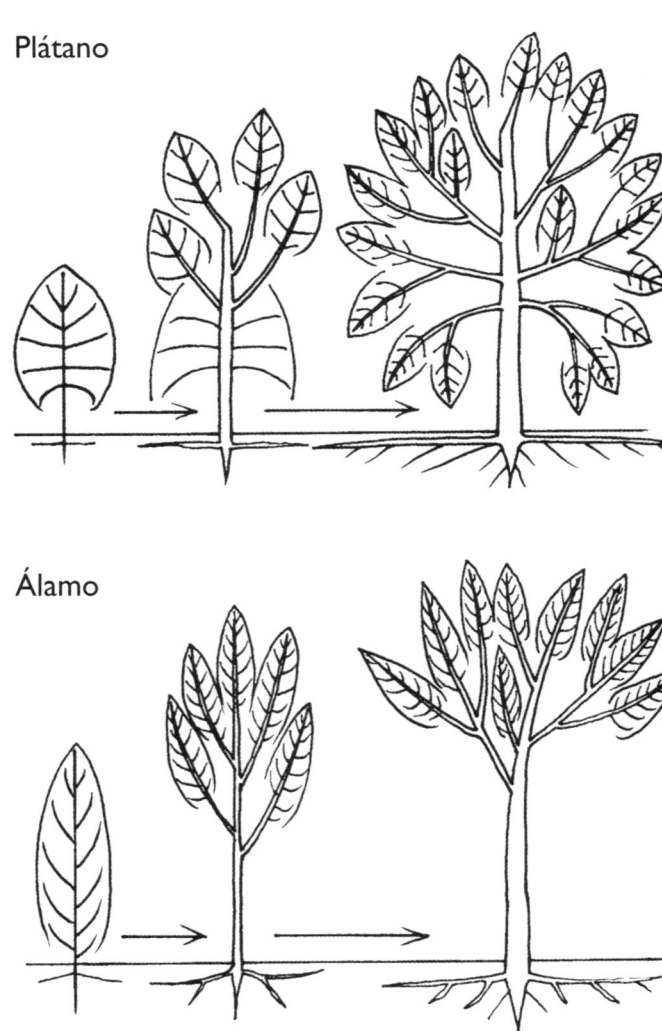

Plátano

Álamo

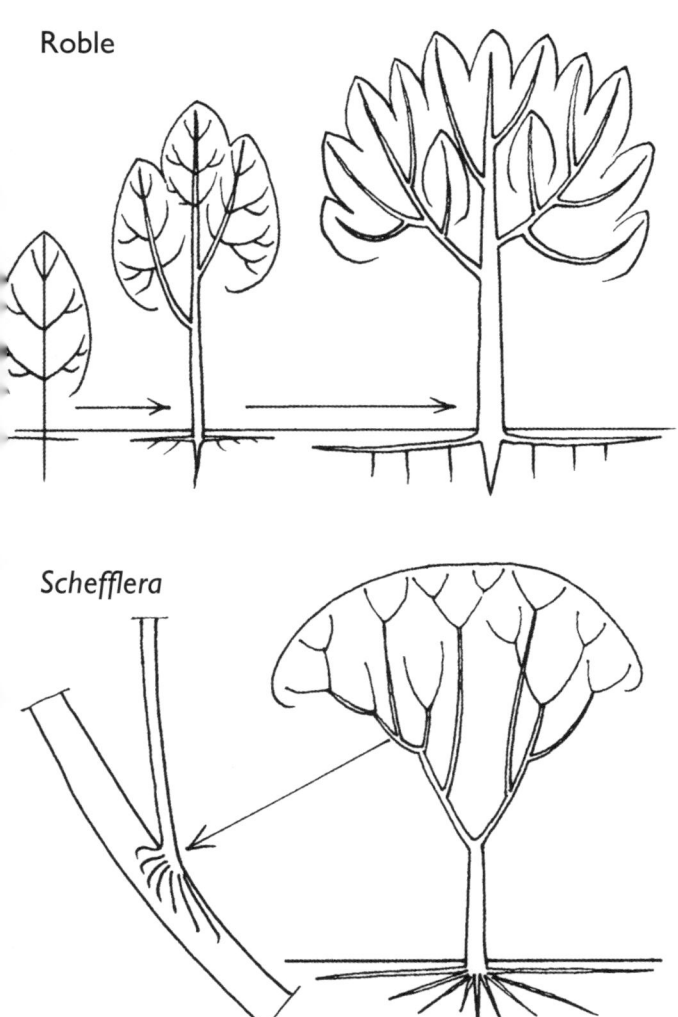

Roble

Schefflera

la colonia se traduce en una mayor esperanza de vida: de algunos meses para las anémonas de mar a largos intervalos de tiempo para los arrecifes, también ellos dotados de «inmortalidad potencial». Como demostró Darwin, los arrecifes sobreviven al paso de las eras geológicas y, a medida que se va hundiendo el lecho marino, acaban formando los atolones.

Como el arrecife de coral, con el que comparte la naturaleza colonial, un árbol moderno —roble o tilo, por ejemplo— puede ser potencialmente inmortal; por supuesto, eso no significa que no muera nunca: todos sabemos que los árboles pueden morir. Pero esto tiene un sentido muy preciso: su muerte se deberá exclusivamente a causas externas, que pueden ser ataques brutales —una fuerte helada, un viento demasiado fuerte, un hongo patógeno, un incendio, un leñador malintencionado o incluso una pala mecánica que lesione el tronco o corte sus raíces— o provenir de una degradación progresiva de sus condiciones de existencia, hasta el punto de no quedarle otra salida que morir. Así, por ejemplo, podría acabar con él una larga sequía, un exceso de agua subterránea estancada, una acumulación excesiva de contaminantes, o la desaparición de los seres vivos del suelo cuya presencia le es indispensable.

Ya se trate de ataques brutales o de limitaciones graduales, nada hace pensar en un «programa de senescencia» como el que presenta el ser humano. Esto tiene un corolario esencial: sitúen a un ser humano, durante toda su existencia, en condiciones óptimas, y no prolongarán su vida más que algunos años. Sitúen un árbol colonial en condiciones óptimas y asistirán al increíble espectáculo de un ser vivo que, no teniendo ninguna razón para morir, manifiesta su inmortalidad sin ningún complejo. Llegado a una edad avanzada, se transformará en clon, pero continuará viviendo, aún joven, mientras le aseguren condiciones de vida óptimas. Más aún: se cansarán antes que él, por la sencilla razón de que ustedes tienen un programa de senescencia y él no.

Tres comentarios sobre la naturaleza colonial de los árboles:

- *Representa un progreso con respecto a los árboles unitarios.*
  Estos últimos eran mayoritarios en épocas geológicas pasadas, mientras que la colonialidad es moderna. Ponedles en situación de competencia unos con otros y los «coloniales» mostrarán su superioridad sobre los unitarios, los pondrán a la sombra y los secuestrarán en el sotobosque.

- *Al menos en algunos árboles, la naturaleza colonial alcanza el nivel genético.*
  Al analizar el ADN de un adulto, se constata que cada elemento de la colonia puede tener su propia variante del genoma de la especie. Cualquiera esperaría encontrar un solo genoma en un ser vivo, expectativa que pone de manifiesto hasta qué punto son los árboles diferentes de nosotros: mientras ellos pueden formar colonias de genomas, el ser humano conserva toda su vida un genoma único.

- *Cada elemento de la colonia es un pequeño árbol en sí mismo.*
  En consecuencia, dispone de una cierta autonomía de comportamiento con respecto a otros elementos de la misma colonia. Esto es poco visible en Europa, donde las estaciones sincronizan estos comportamientos: todas las ramas pierden sus hojas en noviembre y florecen a la vez en abril. Por el contrario, en la región ecuatorial el calor húmedo permanente revela esta autonomía: en una misma copa, se ven juntas una rama que pierde sus hojas y otra cubierta de flores, una rama cuyas yemas se abren y otra doblándose por el peso de los frutos. En el ecuador, las cuatro

estaciones se dan cita en la copa de un mismo árbol.

Un descubrimiento reciente, totalmente inesperado y que encuentro muy poético es el de las «hojas subterráneas». Al estudiar los árboles fósiles, los geólogos y paleobotánicos han arrojado una hermosa y nueva luz sobre la estructura subterránea de los árboles que nos rodean.

He mencionado más arriba a los *Lepidodendron*, esos grandes árboles que sobrepasaban los 40 metros de altura y vivían en los vastos bosques pantanosos del Carbonífero, 320 millones de años antes de nuestra era. Han sido estudiados en detalle por una razón económica simple: han contribuido de forma significativa en la formación de hulla. Cuando se recogen fósiles de *Lepidodendron*, en las proximidades de un filón de hulla, ya sea en Commentry, Namur o Graissessac, es fácil reconocer los troncos (ilustración 2) aunque difícil, imposible incluso, distinguir entre las ramas aéreas y las raíces, puesto que unas y otras tienen hojas, aéreas y subterráneas, exactamente iguales. Es probable que las aéreas fuesen verdes y blancas las subterráneas, pero los colores no se conservan en los fósiles. Para un *Lepidodendron*, la superficie del suelo tenía de algún modo la función de espejo, y existía una

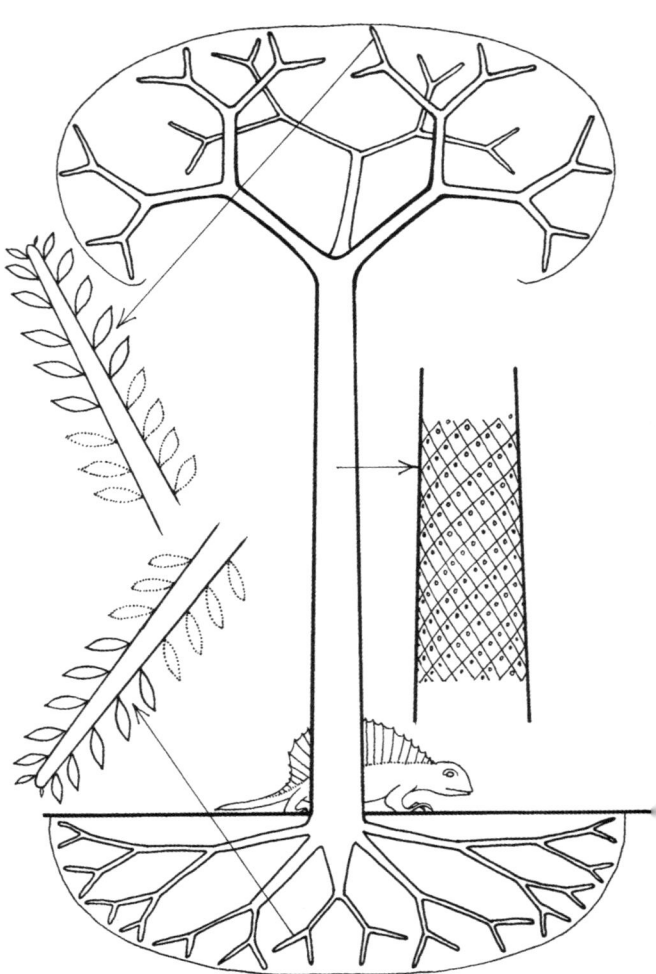

simetría arriba-abajo casi perfecta entre las ramas aéreas y las raíces.

Ya no estamos en el Carbonífero y aunque los árboles de hoy no conservan ya su escrupulosa simetría, no la han perdido por completo. Todavía vemos, arriba, ramas que llevan hojas, y abajo, en el suelo, largas raíces que portan «hojas subterráneas». Así se interpreta hoy lo que los agrónomos denominan «raíces finas»: aparecen en primavera, mueren en otoño a la vez que las hojas aéreas, y representan el 50% de la masa radical del árbol.

¿Para qué sirven? Su papel es esencial: absorber el agua del suelo y asegurar la alimentación hídrica del árbol. No lo logran ellas solas, sino en simbiosis con hongos del suelo, los «hongos micorrícicos», gracias a los cuales pueden explotar grandes volúmenes de tierra y absorber abundante agua.

(Izda.) **Ilustración 2. Las hojas subterráneas.**

El *Lepidodendron* es un gran árbol del Carbonífero; inexistente en la actualidad, de él solo se conservan fragmentos fósiles. Mientras que los fósiles del tronco (derecha) son fáciles de reconocer, es difícil, si no imposible, distinguir entre las ramas con hojas (arriba a la izquierda) y las raíces subterráneas con hojas (abajo a la izquierda).

Imagino que, llegados a este punto de mi discurso, algunos de entre ustedes se preguntarán si no les estaré conduciendo demasiado lejos en las profundidades del suelo: «¿Realmente tenemos necesidad de conocer los hongos micorrícicos?» Por supuesto que les interesan estos hongos, como interesan a todos los gastrónomos amantes de boletus, rebozuelos, rúsulas o níscalos… Hay unos que ustedes conocerán bien, y de los que algunos no sabrían prescindir: la trufa, ese diamante negro del Périgord y de la Alta Provenza que cada año se vende a 1000 euros el kilo en los mercados de Sarlat o de Forcalquier.

Pero su papel está lejos de circunscribirse exclusivamente al ámbito de la alimentación.

No se puede sobrestimar la importancia de los hongos micorrícicos para los árboles: sin ellos, estos últimos serían incapaces de crecer con vigor y quedarían enclenques. Son los encargados de transferir el agua y las sales minerales a las raíces, lo que permite a los árboles hacerse grandes y hermosos. Cuando se planta un árbol para cuidarlo a largo plazo, debe hacerse con el mayor cuidado: la responsabilidad no es con un solo ser vivo, sino con dos, unidos ambos por los lazos de un sistema subterráneo. Los suelos buenos, ricos en materia orgánica, lo son gracias a esta simbiosis entre los hongos del suelo y las raíces. A nadie se le habrá escapado el hecho de que, en un bosque de árboles vigorosos, grandes y sólidos, estos no se abonan ni se les aplican pesticidas, no se riegan, no se podan, no se les quitan las hojas muertas, y estas posibilitan la formación de un suelo rico. Una de las mayores virtudes de los árboles es que mejoran los suelos con su presencia y la de sus hongos simbiontes.

Sorprendente: esta simbiosis representa uno de los medios de que disponen los árboles para comunicarse entre ellos. Varios árboles —de la misma especie o de especies diferentes— pueden compartir un mismo hongo micorrícico formando así una especie de «célula» o de «red» en el seno del bosque. Si uno de ellos sufriera una falta de agua, una carencia mineral o un ataque patógeno, los otros árboles de la «célula» le harían llegar lo que necesitase a través del hongo simbionte que los une: potasio y fósforo, moléculas nitrogenadas o carbonadas, incluso antibióticos. Bello ejemplo de empatía subterránea, hermoso modelo de red social que no debe nada a la informática.

La comunicación entre los árboles no es solo subterránea. El profesor Van Hoven, de la universidad de Pretoria, demostró que también puede ser aérea [3]: en la sábana sudafricana, robustas gacelas se alimentan de hojas de un árbol común, la *Acacia caffra*. Van Hoven observa una gacela ramoneando una acacia: el animal no se alimenta de ella más que algunos minutos; a continuación, antes incluso de quedar satisfecha, abandona la acacia A y se dirige a una acacia B para continuar alimentándose a expensas de B. Al cabo de algunos minutos, las hojas de la acacia A se han vuelto astringentes y no aptas para el consumo. Esta transformación bioquímica fulgurante es una primera sorpresa para Van Hoven. Pero hay algo todavía mejor.

La gacela se desplaza contra el viento de la acacia A a la acacia B. El análisis revela que las acacias situadas a sotavento de A se han vuelto todas astringentes sin haber sido atacadas, y la gacela lo sabe. Hay que rendirse a la evidencia: el árbol A ha enviado a los árboles situados a sotavento un mensaje simple que creo poder transcribir de este modo: «Atención, amigas, hay una gacela por aquí; no aguardéis al ramoneo y volveos astringentes ahora». Van Hoven demuesta que el mensaje circula bajo la forma de un gas, el etileno, emitido por las plantas lastimadas. Por eso las acacias situadas a barlovento de A, a las que el mensaje no ha llegado, continúan siendo comestibles. Los trabajos de Van Hoven han suscitado activas investigaciones sobre el tema de la comunicación entre los árboles. No hay duda alguna:

cuando las circunstancias lo exigen, los árboles son capaces de intercambiar mensajes sencillos para salvar sus vidas.

Ha llegado el momento de ver de qué modo deben comportarse ustedes, nuestros representantes, ante los árboles, estos extraños seres vivos tan diferentes del ser humano que su carácter más acusado podría ser justamente la alteridad.

Vamos a hablar ahora de los árboles de las ciudades. Empezaré recordándoles que su vida «entre hormigón y asfalto», como cantaba Maxime le Forestier, dista mucho de ser fácil. Por más que sean útiles y que su presencia nos haga tanto bien, nuestra ignorancia con respecto a ellos nos conduce a calumniarlos y a maltratarlos. Se les culpa de obstruir los canalones con hojas muertas, de dar sombra a los pisos inferiores de los edificios, de interferir con los tendidos eléctricos y las catenarias, de llenar el aire de polen alergénico, de albergar fauna nociva, de levantar aceras, de perforar muros con sus raíces, de dañar tejados con sus ramas muertas y, lo peor de todo, de caer sobre peatones y coches con la menor ráfaga de viento. Al mismo tiempo, se les planta demasiado cerca de las fachadas, se les somete a podas extraordinariamente brutales, se les obliga a conformarse con pobres suelos de escombros atestados de viejas tuberías, de cimientos y cables subterráneos, se les priva de agua rodeándolos de una capa impermeable de asfalto, se les rocía con sal en invierno y están constantemente rodeados de gases de escape tóxicos, ellos que no pueden escapar.

Es sencillo: ignoramos lo que necesitan y nos aprovechamos de ese silencio suyo que les impide protestar. Por lo demás, quizás sea mejor que no hablen ya que, estoy convencido, sería desagradable oír lo que tienen que decirnos.

Paradoja: aunque los ignoramos y vapuleamos, no dejamos de quererlos.

2
Los árboles de las ciudades y del campo son de su responsabilidad

Como un árbol de ciudad,
nací en el hormigón,
emparedado entre dos casas,
sin amparo, sin domicilio,
como un árbol de ciudad…
[…]
entre hormigón y asfalto,
para crecer lucho,
pero mis ramas vuelan bajo,
tan cerca de los autos que humean,
entre hormigón y asfalto

Maxime Le Forestier

Los árboles de las ciudades y del campo son de su responsabilidad

He aquí una idea fuerte sobre la que existe un consenso generalizado: en la medida de lo posible, los lugares de nuestra vida cotidiana deberían embellecerse con plantas y, en particular, con árboles, sin los que serían inhabitables, hostiles y, en definitiva, inhumanos.

Nuestros pisos y oficinas, recintos del espacio privado, están decorados con árboles tropicales, higueras, hibiscos y drácenas. En París, en los principales bulevares, los balcones se adornan con abedules, laureles y adelfas; incluso hay olivos que manifiestan en silencio, bajo la llovizna helada, un toque de nostalgia por latitudes más luminosas.

Estamos dispuestos a admitir que es técnicamente imposible cultivar árboles en las alcantarillas, en los andenes del metro† o en las estacio-

---

† Por ahora. Pero en los andenes del metro, con un poco de tecnología, se podrían cultivar árboles, lo que atenuaría la agresividad de los anuncios en las paredes y, estoy seguro,

nes de trenes de alta velocidad, pero su presencia —profundamente arraigada en nuestros hábitos colectivos— es bienvenida en todas partes y aun exigida por nuestros conciudadanos. ¿Podemos concebir el Paseo de los Ingleses de Niza sin sus palmeras, el Cours Mirabeau de Aix-en-Provence sin plátanos, el jardín de Luxemburgo en París sin castaños de Indias, o los muelles del Sena sin sus álamos?

La responsabilidad de ustedes los elegidos con respecto a los árboles no se limita a las ciudades; se extiende a los espacios públicos rurales. Esperamos de ustedes que se muestren atentos al mantenimiento y renovación de los árboles de nuestros campos. A los más atrevidos de entre ustedes quizá les interese conocer la agrosilvicultura, un método innovador y admirable que aumenta el rendimiento agrícola y reduce los costes mediante la combinación de árboles con cultivos de campo.

Como quiera que sea, nuestras ciudades están pobladas de árboles, como todas las ciudades del mundo en las que se vive bien; nuestros conciudadanos necesitan de su presencia familiar porque son bellos y porque el color verde nos apacigua.

aumentaría el interés y el entusiasmo de los usuarios. Estos árboles podrían incluso purificar el aire del metro, lo que resulta muy necesario.

Pero no se trata solo de estética, pues conviene recordar que los árboles de la ciudad pueden ser útiles en muchos otros ámbitos.

- Gracias a su sombra, refrescan el ambiente estival de nuestras ciudades. Un poco de frescor para los peatones es agradable, pero la sombra de los árboles se convierte en una verdadera cuestión de salud pública cuando se trata de aparcamientos: estacionados a pleno sol, con el motor parado, los coches emiten monóxido de carbono, CO_2 y peligrosos vapores de gasolina [4]. Por lo demás, los árboles no solo refrescan por su sombra.

- Por evaporación y transpiración, que ocasionan una pérdida de calorías, un árbol aumenta la humedad del aire y disminuye la temperatura. A lo largo de su vida, es capaz de humedecer la atmósfera con una masa de agua que corresponde a más de cien veces su propio peso [5]. El árbol es un excelente climatizador en periodos de canícula.

- Menciono aquí la cuestión reciente, curiosa y aún mal conocida de los «iones negativos» que los árboles producen en abundancia, los pinos sobre todo, y que tienen una influencia beneficiosa sobre nuestra salud, e incluso sobre nuestro humor [6]. Cargado de iones positivos, el aire huele a moho y provoca mal humor, mientras que el aire de un pinar, rico en iones negativos, genera euforia.

- Los árboles comparten con las otras plantas verdes la capacidad admirable de purificar el aire que respiramos mediante la absorción de gas carbónico (CO_2), ese gas cuyo exceso en nuestra atmósfera juega un papel dominante en el calentamiento climático por «efecto invernadero». Insisto en esta función de purificación, ya que conduce a una nueva visión del árbol. Resulta legítimo definirlo como un eficaz secuestrador de carbono, puesto que la materia de un árbol (follaje, madera, raíces, flores, frutos) existe solo gracias a su labor de retención de CO_2, un gas irrespirable, tan abundante en nuestros días que no sabemos qué hacer con él. Precisemos: la mitad de la masa de un árbol, una vez seco, está constituida por carbono extraído de la atmósfera. Es admirable esta complementariedad providencial entre los árboles y nosotros: para su crecimiento, no necesita más que del átomo de carbono, C, del que nos libra, y nos devuelve el oxígeno, O_2, indispensable para nuestra respiración. El árbol y el hombre, ¿podrían vivir el uno sin el otro? Existe aquí una disimetría, y no va a nuestro favor: él no tiene ninguna necesidad de nosotros, pero nosotros tenemos de él una necesidad vital.

• La función de purificación no se limita únicamente al CO_2, sino también a los contaminantes típicos de las atmósferas urbanas como las partículas de metales pesados, plomo, cadmio, manganeso, hollín de combustión y polvo de actividades industriales, o contaminantes gaseosos, óxidos de nitrógeno, NO y NO_2, óxido de azufre, SO_2, monóxido de carbono, CO, y ozono, O_3. Mezclados con dióxido de carbono, estos contaminantes penetran en el interior del tejido foliar, se encuentran con el agua interna y se disuelven allí para almacenarse en la materia del árbol; un almacenamiento que durará mientras el árbol siga vivo, de ahí la importancia decisiva de los árboles grandes y viejos. La absorción de los gases y la fijación del polvo aumentan con la superficie del follaje, o lo que es lo mismo, con la edad. Los árboles grandes con troncos de un metro de diámetro o más absorben y almacenan entre treinta y sesenta y cinco veces más contaminantes atmosféricos que los árboles jóvenes cuyos troncos no alcanzan los 10 centímetros de diámetro [7, 8].

- Con el respeto debido a los representantes del pueblo, pero con la firmeza que se impone cuando la salud pública está en juego, les digo a ustedes, los cargos electos, que practican una triple estafa si creen poder tranquilizarnos anunciando que «por cada viejo árbol abatido se plantarán otros diez más». Estafa cultural y social, en primer lugar, porque el valor patrimonial desaparece con el gran árbol;[†] estafa financiera, en segundo lugar, porque mientras que el mantenimiento del gran y viejo árbol cuesta muy poco, apenas el que deriva de la poda y la retirada de las hojas secas, los diez árboles jóvenes incrementarán los gastos: habrá que comprarlos, cavar los hoyos, ofrecerles una cubierta de mantillo, proveerles de estructuras de protección y de riego en los días de verano. Una estafa ecológica, sobre todo, porque, mientras el carbono

† Una ventaja adicional del árbol viejo: además de musgos, algas, hongos y líquenes, es el hogar de escarabajos, orugas y mariposas, de pájaros y nidos, tal vez incluso de ardillas. Así se apoyaría nuestra estrategia nacional de protección de la biodiversidad mejor que con los árboles jóvenes, de ramas desnudas.

que contiene el gran árbol vuelve a la atmósfera, diez árboles jóvenes no pueden reemplazar a uno viejo: pasará al menos un cuarto de siglo antes de que el efecto de la descontaminación atmosférica retorne a su nivel inicial; mientras tanto, toda una generación de jóvenes urbanitas tendrá que vivir bajo un «cielo de petróleo», en un aire polvoriento, seco, caliente, cargado de iones positivos y gases contaminantes; un aire mucho más propicio a la violencia que a la meditación.

Los árboles refrescan el aire y lo purifican, pero los árboles de ciudad nos proporcionan otros muchos servicios. Podemos contar con su ayuda en ámbitos muy diversos. Por ejemplo, en el del ahorro energético: rodeada de árboles, una casa necesita entre un 20 y un 25% menos de energía que si está situada en un terreno desnudo [9]. Los árboles urbanos también pueden servir de cortavientos, estabilizar taludes (Génova, Marsella, Barcelona, Hong Kong o Valparaíso), reducir el ruido de la calle, secar viejos muros, sótanos y bodegas afectados por la humedad. Las criptomerias de Japón y los abetos balsámicos de Canadá son capaces de emitir, en forma de moléculas volátiles, aceites esenciales que alejan los insectos, destruyen el moho e incluso matan bacterias [4]. ¿Por qué las criptomerias y los abetos y no otros árboles? Simplemente porque son mucho más antiguos que sus colegas. Estas especies venerables han superado varias épocas geológicas solo después de haberse equipado para resistir victoriosamente a sus adversarios. Nos corresponde a nosotros aprovechar su experiencia.

Lo que precede no agota la lista de los beneficios de los árboles de ciudad, asunto que ha sido desarrollado por Caroline Mollie en una obra reciente que considero esencial y cuya lectura recomiendo vivamente: *Los árboles en la ciudad* [10] Volveré a ella en la última parte (Capítulo 4) de este manifiesto.

Me gustaría abordar ahora un asunto delicado. ¿Qué trato conviene dispensar a los árboles de ciudad a fin de que no supongan ningún peligro para el público y que su responsabilidad de representantes del pueblo no quede comprometida? Evidentemente, los peligros en cuestión son las caídas: una rama muerta que se precipita de una altura de 15 metros sobre los escolares en el patio del colegio o un tronco que aplasta un coche durante una tormenta.

Es imperativo no subestimar nunca estos peligros: «¿Se imaginan la caída de un árbol de 25 metros de altura en una de las vías más transitadas de una ciudad de 200.000 habitantes?», pregunta François Freytet, responsable de la gestión de los árboles de Lille. Quiero ser muy claro: a pesar de toda la simpatía que me inspiran los árboles, a pesar de toda la admiración que siento por ellos, siempre estaré totalmente de acuerdo con la tala de un árbol que se haya vuelto peligroso; respetar el árbol en la ciudad puede significar talarlo en el momento adecuado, ya que está ahí para mejorar nuestra existencia, no para matarnos. El problema no es salvar a toda costa un árbol hermoso y amenazador, sino garantizar que no se convierta en el peligro público que ustedes, nuestros representantes, temen con razón.

A tal fin, propongo tres vías de actuación:

- Dejar al árbol el lugar que necesita;
- Concederle el tiempo que precise;
- Comprender y respetar su modo de vida.

Sigan estas tres vías y el árbol de la ciudad hará más agradables nuestras vidas sin suponer ninguna amenaza; se convertirá en un ciudadano tranquilo y honrado, como querríamos que lo fueran todos y, aunque un poco más grande que los demás, hermoso. Veamos cómo llevar a la práctica estas tres líneas de actuación.

Dejar al árbol el lugar que necesita

¿Están considerando la idea de plantar un árbol joven? En tal caso, tendrán que determinar, de antemano, el volumen aéreo y subterráneo que necesitará cuando sea adulto, es decir, diez, treinta o sesenta años después, una vez alcanzado su desarrollo pleno, lo que depende sobre todo de la especie que se va a plantar: la adelfa, el *Pittosporum tobira*, el caqui, la mimosa o el cerezo de flor son de dimensiones modestas incluso cuando alcanzan su máximo desarrollo, pero no puede decirse lo mismo del roble albar, del almez, del tulípero de Virginia, del plátano o del cedro del Himalaya que, en buenas condiciones, puede sobrepasar los 30 metros de altura y exhibir una copa de 25 metros de diámetro.

Pero el problema no es tanto el de las dimensiones aéreas, disponibles en las obras de referencia [11, 12] y bien conocidas por los expertos; lo es más bien el de las dimensiones subterráneas, órganos poco conocidos cuyo estudio, difícil, requiere disponer de grandes medios. Sin embargo, tenemos algunas nociones básicas que pueden —y deben— ponerse en práctica si deseamos que el árbol alcance su madurez sin que se convierta en un peligro. Hasta hace algunos años, se creía que las trayectorias subterráneas de las raíces no iban más allá de la proyección vertical de la copa; ahora sabemos que pueden extenderse bastante más lejos, hasta más de dos veces la altura del árbol. También se sabe que es imposible adivinar las direcciones de las raíces de un gran árbol por la simple observación de las ramas, toda vez que aquellas están determinadas por los vientos dominantes que un árbol sano está preparado para soportar desde su más temprana edad [12, 13]. Por último, se sabe que las raíces, finas o gruesas, son todas necesarias para la buena salud del árbol: las raíces gruesas, o «carpinteras», porque garantizan su solidez mecánica, y las raíces finas —en realidad, las hojas subterráneas— porque aseguran su nutrición hídrica y mineral. La ilustración 3 muestra los volúmenes aéreos y subterráneos requeridos por dos árboles, uno de hoja caduca y otro de conífera.

En la práctica, el árbol joven se plantará a suficiente distancia de toda infraestructura subterránea, en un hoyo de 6 metros cúbicos si el suelo es fértil, y de 12 metros cúbicos si es pobre: cuanto más difícil sea excavar, mayor deberá ser el hoyo; además, estará equipado con un sistema de riego y se cubrirá con grava o MRF† en lugar de una

---

† La utilización de la MRF, o madera rameal fragmentada, es una técnica notable importada recientemente de Quebec:

capa impermeable de asfalto. ¿Dónde encontrar el suelo adecuado en la ciudad? Debe encontrarse en las áreas urbanizables. Recomiende a sus servicios técnicos que no pongan un tutor. Sin él, el árbol joven podrá adaptarse a los vientos y reforzar su sistema radicular.

Dejar al árbol todo el espacio que necesita y, como se dice en los espacios verdes de Lyon, «poner el árbol adecuado en el lugar adecuado», son medidas que muestran la inutilidad de las podas brutales que muchas empresas de mantenimiento convirtieron en su negocio a finales del siglo XX. Por desgracia, los despropósitos continúan y, en este asunto, presenciamos todavía frecuentes horrores.

Sin embargo, no todas las podas deben erradicarse. En el caso de los árboles jóvenes de ciudad, debe abordarse la cuestión de la «poda de formación», medida enteramente necesaria cuando se trata de árboles plantados en las aceras, a lo largo de las calles o en los márgenes de las carreteras, y de los que conviene retirar las ramas bajas a fin

---

tras la poda de los árboles de ciudad, las ramas ya no se queman como antaño, sino que de ella se hacen astillas con las que se cubre el suelo alrededor de los árboles jóvenes. Una técnica sencilla y barata que estimula la vida del suelo, reduce la necesidad de agua y confiere a las plantaciones un vigor extraordinario [14].

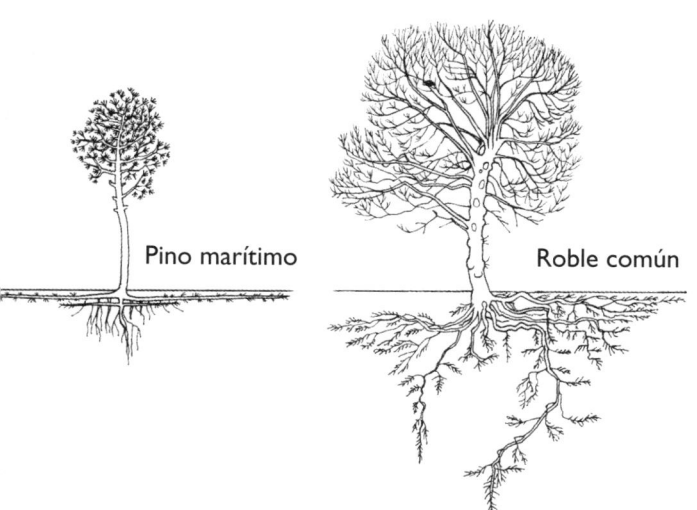

Pino marítimo   Roble común

**Ilustración 3. La altura del árbol y la longitud
de las ramas aéreas y las raíces.**

Estos dos árboles demuestran que las raíces pueden
ser bastante más largas que las ramas. A la izquierda,
una conífera [imitado de Drénou, 12]. A la derecha,
un planifolio [imitado de Dellas, 30].

de favorecer la circulación de los peatones de un
lado y de los vehículos del otro. Excluyo de estas
consideraciones, por tanto, a los árboles de los
parques, ya que estos pueden conservar sus ramas inferiores y extenderlas a voluntad sin causar
molestia alguna (ilustración 4).

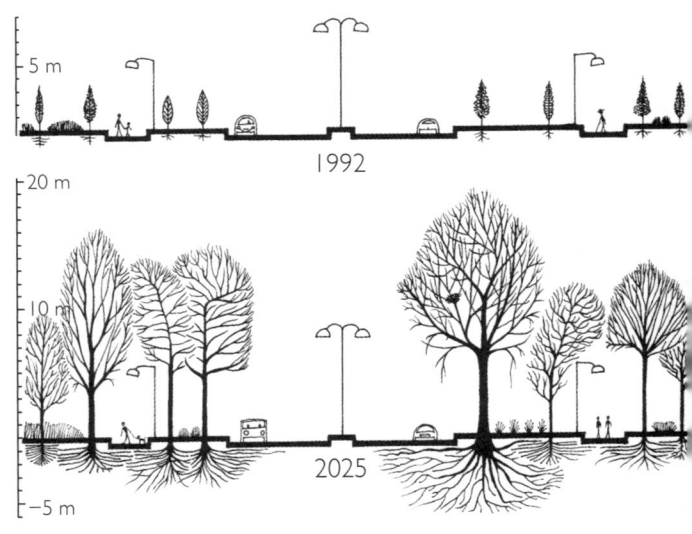

Ilustración 4.

En unos veinticinco años, el tráfico en la ciudad se ha vuelto agradable. El entorno es estético y los árboles, sin poda, son seguros. [Imitado de Mollie, 10].

El objetivo de la tala de formación es asegurar una «altura de tronco desnudo» suficiente para que ninguna rama baja obstruya la circulación: 2,5 metros por encima de las aceras, 6 a 7 metros por encima de los bulevares y carreteras por donde transitan vehículos pesados. En la medida de lo posible, no se practicará la tala de ramas bajas sobre árboles ya grandes, a los que se perjudicaría gravemente por razones que se aclararán más adelante. Por lo tanto, esta poda debe realizarse en árboles jóvenes que aún estén en el vivero, o poco después de la plantación. Sanarán rápidamente y, cuando maduren, sus troncos habrán perdido todo rastro de las ramas bajas podadas. Aquí funciona la analogía con el ser humano: se puede soportar una operación quirúrgica cuando se es joven, pero esperar a ser un anciano conlleva grandes riesgos. Como vemos, la cuestión del paso del tiempo es inseparable de la comprensión del árbol, aunque hay que tener cuidado: el árbol tiene un marco temporal muy diferente del nuestro.

Conceder al árbol el tiempo que precise

¿Queremos que árboles altos y de majestuoso follaje sirvan de ornato a nuestras ciudades sin peligro alguno para residentes, automovilistas o peatones? Rechacemos entonces la moda actual de plantar lo que los horticultores llaman «grandes ejemplares». Solo son «trampantojos», y me parece que ningún cargo electo que renuncie a plantar árboles de verdad por «trampantojos» merece ser reelegido. Habrá actuado a costa de los contribuyentes.

Sin embargo, el planteamiento es comprensible: los árboles crecen lentamente, el ayuntamiento carece de paciencia y, más aún, cuando las elecciones se aproximan, resulta tentador plantar árboles grandes para obtener un efecto inmediato. Cálculo erróneo ya que las raíces de ese «gran ejemplar» crecerán cortas y atrofiadas después de haber permanecido demasiado tiempo en un contenedor demasiado pequeño. Nunca recuperará sus dimensiones normales, lo que hará que nuestro «trampantojo» sucumba tras la primera ráfaga de viento.

En cuanto a los árboles, rechacemos la tiranía del tiempo corto o acelerado, y aceptemos vivir según su ritmo sosegado. En este asunto, la prontitud resulta ineficaz y hasta cierto punto ridícula. Una ciudad que planta árboles jóvenes en sus barrios nuevos y les concede tiempo para crecer, ofrece de sí misma una imagen positiva y «muestra la confianza de la comunidad en su futuro» [10].

Sólo el árbol joven podrá desarrollar largas raíces adaptadas a la dirección de los vientos dominantes, y la garantía de su solidez reposará sobre la calidad de su sistema radicular. «Al final, obtendréis un árbol joven plenamente sano que alcanzará y superará a los ejemplares plantados de mayor envergadura» [12]. Añádase a esto el aspecto financiero: los gastos son evidentemente más onerosos para los «grandes ejemplares» que para los jóvenes, ya que los árboles cultivados en vivero exigen mucho tiempo en cuidados y su manejo entraña dificultades. Apacigüen el conflicto entre el tiempo corto del hombre y el tiempo largo de los árboles, y así será como ustedes, los cargos electos, recuperarán la confianza de sus electores, incluidos los más sensibles a las cuestiones ecológicas.

Sin embargo, la vida de los árboles no se limita a una gestión del tiempo diferente de la nuestra. Antes de que puedan aclimatarse en nuestras ciudades y convertirse en ciudadanos de pleno derecho, primero hay que dilucidar su entero modo de vida. Respetarlos significa comprender lo que debemos aportarles e identificar las prácticas que no podemos permitirnos con respecto a ellos.

Comprender y respetar el modo de vida de los árboles

¿Un árbol herido sufre? Debemos reconocer que no lo sabemos; es este un asunto en el que la duda persiste entre los especialistas. Lo que no ofrece ninguna duda es que una herida le causa daño. Puede incluso acabar con su vida si es demasiado grande o profunda. Aunque los mecanismos que conducen a la muerte son diferentes, la analogía con el ser humano también funciona aquí. La dimensión de las heridas está relacionada con la supervivencia y es la razón de que las podas de formación deban aplicarse solo en árboles jóvenes, en los que las podas de las ramas no dejan más que pequeñas heridas que cicatrizan con rapidez.

Por el contrario, la poda de una rama en un árbol plenamente desarrollado dejará necesariamente una herida de gran diámetro cuya cicatrización exigirá años y en la que proliferarán bacterias y hongos que se alimentan de madera; hasta la hoja de la sierra puede aportar estos microorganismos. En un árbol, como en una persona, una herida es a la vez una alteración de la estructura viva y una puerta de entrada para los patógenos.

No es raro ver en las ciudades maquinaria de construcción que retrocede hasta el tronco de un árbol al que utiliza de tope; vehículos pesados equipados con paragolpes hacen lo mismo en los aparcamientos de los supermercados: un comportamiento consentido e incívico que provoca en la base de los troncos heridas apreciables en las que una capa de color claro, húmeda y dulce, el «líber» de los anatomistas, queda expuesta al aire. Los microorganismos patógenos se instalan y proliferan; unos años más tarde, al observar que el árbol se muere, el departamento de espacios verdes lo tala y, como medida de precaución, lo sustituye por un modesto arbusto. Asistimos entonces a un flagrante error judicial, en el que el culpable puede reincidir cuantas veces quiera, mientras el inocente es condenado sin que se le haya permitido hablar.

Lo que se dice de las ramas, con mayor motivo puede decirse de las raíces. El suelo es rico en microorganismos patógenos, de modo que un corte en las raíces apenas tiene alguna oportunidad de escapar a la infección. «Como ve, no le hemos hecho daño a este árbol», dice un jefe de obra de Montpellier, mostrando orgulloso el tronco del gran almez protegido de los golpes por un hermoso rollo de tubo de plástico naranja. Pero no dice nada de la larga zanja excavada a 3 metros del tronco para conducir una tubería y que ha cortado cinco o seis raíces maestras. No pongo en duda su buena fe y solo lamento que este empleado de la construcción tenga que ocuparse de los árboles, sobre los que nada sabe. ¡Confíeme a mí cualquier trabajo de obra pública y no le decepcionaré! A cada cual lo suyo... En cuanto al hermoso almez, árbol majestuoso, verdadero monumento de nuestro patrimonio

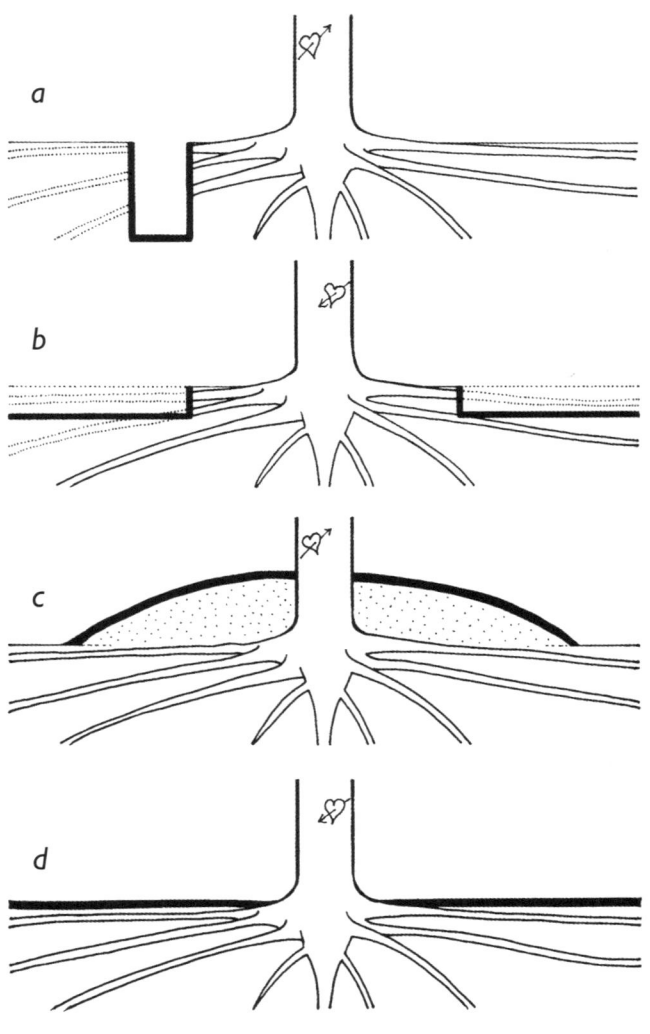

urbano, temo que la podredumbre de las raíces lo condene a corto plazo. Pronto lo sabremos. En la primavera de 2011, ya tenía muy mal aspecto. La ilustración 5 muestra las prácticas habituales de las que debe abstenerse un municipio si quiere evitar que sus árboles se pudran de raíz y generen algún peligro.

Respetar los árboles significa no someterlos a podas o recortes severos que les dejen heridas de gran diámetro y, en consecuencia, los condenen a sufrir enfermedades o incluso a morir. Debo a Frédéric Ségur, responsable de los espacios verdes de El Gran Lyon, esta cifra que impresiona: el 80% de las enfermedades de los árboles de la ciudad se deben a podas brutales. Afortunadamente, en Lyon, donde saben poner «el árbol adecuado en el lugar adecuado», el problema apenas se plantea. Ahora bien, ¿de dónde viene esa idea de que la poda es beneficiosa para la salud del árbol? De la necesidad de motivar a los agentes municipales cuando tienen que podar los árboles en

———

(Izda.) **Ilustración 5.** *Qué no hacer a
las raíces de los árboles.*

a: Cortarlas al abrir una zanja.
b: Cortarlas al rebajar la superficie del suelo.
c: Privarlas de aire al elevar la superficie del suelo.
d: Privarlas de agua al instalar una capa impermeable.

invierno, a fin de mantenerlos ocupados en un momento en que las plantas están descansando y solo quieren que se las deje en paz. A este trabajo inútil, peligroso incluso, se le suele llamar amablemente «aseo de primavera», pero todo esto se basa en una idea falsa. Es un verdadero malentendido podar severamente los árboles de la ciudad para mejorar la seguridad: es precisamente la poda brutal lo que los hace peligrosos.

Por supuesto, existen excepciones y hay ocasiones en que la poda es necesaria: es el caso de la madera muerta,[†] lo que nos conduce a la necesidad de conocer el modo de vida de los árboles.

Por extraño que pueda parecer con arreglo a los estándares animales o humanos, un gran árbol que goza de salud plena puede tener algunas ramas moribundas. Si yo aspirara a ser como

---

† Pero no sólo madera muerta. La poda «en vaso» para limitar la altura o «en espaldera» para reducir la profundidad, la poda de «esculturas vegetales» o «topiaria», la poda de árboles «en cortinas» o «en marquesinas» son prácticas que gustan en la región parisina y aún están muy presentes en varios lugares de Europa. Provocan en los árboles lesiones de escasa gravedad de las que se reponen fácilmente y están a salvo de toda crítica. Otro tanto ocurre con la poda de los bonsáis o con el trasmocheo [31]: pueden gustar o no, pero hay que admitir que se trata de tradiciones estimables.

un árbol, una de mis manos podría convertirse en esqueleto aun hallándome sano. Estas ramas muertas no son en absoluto un signo de decadencia, sino un testimonio silencioso de que, en comparación con nosotros, la alteridad es, en efecto, el carácter principal de los árboles. En cualquier caso, como la madera muerta puede caer sobre los transeúntes, conviene podarla sin dañar la parte viva de las ramas. Si uno es perfeccionista y desea evitar al agotamiento de los recursos minerales del suelo, la madera muerta deberá triturarse y esparcirse por la base del tronco. Sin embargo, hemos de recordar que la madera muerta no molesta al árbol: nos molesta a nosotros, y nada más que a nosotros.

Una palabra más sobre los árboles de ciudad: con ellos, el «peligro cero» no existe. No son más peligrosos que una grúa de construcción, pero tampoco lo son menos. Además, ¿no es acaso la propia ciudad un lugar peligroso para vivir?

Esto me lleva al espinoso tema de los árboles al borde de la carretera.

3
¿Qué pensar de los árboles alineados a lo largo de las carreteras?

El árbol va a caer…
Las ramas ensuciaban las paredes,
nada debe quedar,
el señor quiere aparcar su coche.
Lo hemos grabado
solo para poner flechas y corazones,
pero el árbol va a caer.
el mundo mira a otro lado…

El árbol va a caer…
hay que hacer sitio en el cruce,
el hombre está decidido
y el hombre es siempre el más fuerte…
No es complicado,
no llevará demasiado tiempo,
hacer que caiga todo,
el árbol con los pájaros en él.

Francis Cabrel

¿Qué pensar de los árboles alineados a lo largo de las carreteras?

La prensa generalista se ha hecho eco de ello y es cosa bien sabida: se acusa a los árboles de provocar graves accidentes de tráfico al «atropellar a vehículos inocentes»; son muchos quienes los consideran «el enemigo de los conductores» y piden la retirada inmediata de estos «árboles asesinos». Los accidentes de tráfico causan con razón dolor y rabia y, aunque uno sea amigo de los árboles, es importante no tratar este problema con ligereza. Para un tema tan serio como este, es necesario un enfoque histórico, que tomo prestado de Chantal Pradines, experta del Consejo de Europa, cuyos trabajos [15, 16] ofrecen una visión nueva y sólida de los vínculos entre arbolado y seguridad vial.

A comienzos del siglo XVI, en el Renacimiento, aparecen los primeros árboles de alineación, primero con el fin de abrir perspectivas a lo largo de las vías de acceso a las casas señoriales y de las avenidas de los parques; después, por caminos y carreteras. Desde Italia, la costumbre de plantar hileras de árboles en los márgenes de las carreteras se extendió por toda Europa con objetivos diferentes según la región y la época: satisfacer la necesidad de madera, fijar los límites del dominio público, estabilizar arcenes, drenar los pasos pantanosos, guiar a los viajeros en la nieve o tras la crecida de los cauces fluviales, dar sombra en verano o embellecer el campo, objetivo este último que, con el correr del tiempo, tendió a anteponerse al resto a medida que la belleza de los paisajes rurales se erigía como motivo de orgullo nacional. En Francia, la plantación de hileras de árboles a lo largo de las carreteras alcanzó su apogeo a principios del siglo XX y continuó hasta la Segunda Guerra Mundial.

Pero concluida la guerra, con la llegada del automóvil y el desarrollo de las autopistas, este patrimonio arbóreo fue víctima de una auténtica hecatombe [15]. El ejemplo de Seine-et-Marne habla por sí solo: a finales del siglo XIX, había 200.000 árboles en los márgenes de las carreteras; en 2009, solo 17.500. Otro tanto ocurre en Aude, Eure, Vosges, Lozère, etc., y la tala continúa mientras escribo.[†] Hay una explicación:

[†] [N. del T.]: Por supuesto lo mismo puede decirse de las alineaciones en toda España.

«La tala es, con mucho, la medida más fácil y barata de aplicar y tiene (...) un fuerte impacto: la eliminación de lo que parece ser el problema (el árbol) constituye una acción radical, ya que "el mal se extirpa de raíz". La tala es una acción absolutamente sencilla que no requiere de largas explicaciones: sin árboles, nadie muere contra el árbol. Por último, es una acción que tiene una gran visibilidad (la carretera: antes, después). Simplicidad, radicalidad, visibilidad. La medida se publicita fácilmente y es políticamente valiosa. Pocas acciones de seguridad vial reportan estas ventajas» [16].

Es evidente: sin árboles, nadie se mata contra los árboles. Pero, ¿se reduce el número de muertes en carretera tras su tala? La respuesta es no.

Chantal Pradines no constata ninguna correlación entre el Indicador de Siniestralidad Local (IAL por sus siglas en francés), proporcionado por el Observatorio Nacional de Seguridad Vial, y la presencia de árboles de alineación; tanto si nos limitamos al número de víctimas mortales como si añadimos el número de heridos hospitalizados, tanto si hablamos de carreteras con mucho tráfico como de sinuosas carreteras departamentales, todas las estadísticas ofrecen la misma respuesta: no existe correlación entre la presencia o la frecuencia de árboles de alineación en un departamento y el riesgo de verse implicado en un accidente de tráfico. El departamento de la Meuse, que ha talado masivamente sus árboles y apenas contaba en 2011 con unos 7.000, tiene un riesgo vial un 20% superior al del departamento vecino de Meurthe-et-Moselle, que multiplica por diez el número de árboles en sus carreteras. Desde hace cuarenta años, en Francia, a medida que se han ido talando los árboles, el número de víctimas de colisiones con obstáculos fijos distintos de los propios árboles se ha duplicado e incluso triplicado. Los obstáculos fijos no son la única causa de muerte en carretera: el número de personas fallecidas en colisiones frontales entre vehículos duplica el de choques contra árboles.

La eliminación de los árboles a requerimiento de los familiares de las víctimas, movidos por una emoción bien comprensible, no constituye una medida adecuada de seguridad vial. Por otra parte, las estadísticas muestran una estrecha correlación positiva entre el número de víctimas mortales en carretera y la velocidad: como era de esperar, la variable efectiva es la velocidad, y el árbol no tiene nada que ver con ella. «Con toda seguridad, el riesgo de morir en carretera está mucho más relacionado con las características demográficas de los departamentos y, sobre todo, con sus características geográficas y socioeconómicas» [16].

Al fin y al cabo, se trata de una cuestión de simple sentido común y ya en 1970 el presidente Georges Pompidou hizo algunas declaraciones definitivas al respecto. Sensible a la degradación estética resultante de las talas, protestó ante su primer ministro, Jacques Chaban-Delmas, oponiéndose a una peligrosa circular de la Dirección de Circulación Vial del Ministerio de Equipamiento.

«Pese a haber expresado repetidamente en Consejo de Ministros mi deseo de salvaguardar los árboles dondequiera se encuentren, esta circular muestra la más profunda indiferencia respecto a los deseos del Presidente de la República. Se colige, en efecto, que la tala de árboles a lo largo de las carreteras se hará sistemáticamente so pretexto de la seguridad. No ocurre otro tanto, sin embargo, con la retirada de postes eléctricos o telegráficos, lo que no se considera sino con mucha circunspección y a título de simple estudio. Es que para esto hay administraciones que los defienden. Los árboles, en cambio, no parecen tener más defensores que yo mismo y parece que eso no cuenta.

»Francia no existe únicamente para permitir a los franceses circular en coche y, por muy importantes que sean los problemas de seguridad vial, ello no debe ser motivo para desfigurar su paisaje. Además, mientras la administración se complace en la complicación gratuita de todas las formas de señalización, solo la educación de los conductores y la instauración de reglas simples adaptadas a la configuración de las carreteras podría traer consigo una disminución sostenida de los accidentes de tráfico. A ello contribuiría igualmente la adopción de reglas menos permisivas en materia de alcoholemia, y lamento a este respecto que el gobierno se haya alejado de la postura inicialmente adoptada.

»La conservación de los árboles plantados al borde de las carreteras —y pienso en particular en las magníficas carreteras del Midi bordeadas de plátanos— es esencial para la belleza de nuestro país, para la protección de la naturaleza, para la salvaguarda del medio humano.»

Escrita en 1970, esta carta conserva toda su actualidad cincuenta años después, de suerte que la Academia de las Ciencias Morales y Políticas solo tenía que refrendarla. ¿Qué dice la academia? Que sería «absurdo talar los árboles, tal como algunos han propuesto, para reducir la inseguridad vial (…). La incriminación de los árboles es, sin embargo, típica de cierta percepción de la carretera en Francia, donde se responsabiliza de las infracciones más a menudo a los elementos externos que al comportamiento de los conductores» [17].

Ha llegado la hora de mostrar que, en contra de las ideas recibidas, los árboles no son nuestros enemigos, sino nuestros aliados en materia de seguridad vial. Sobre este punto de vista innovador, la Asociación Árboles y Carreteras ha reunido la documentación que tomo prestada en lo que sigue [18].

Dado que, como conductor, puedo verlas desde lejos, las hileras de árboles me proporcionan indicaciones que advierto más fácilmente que las ofrecidas por una señal de tráfico aislada. Indicaciones como estas son las que necesito para «anticiparme» y adaptar mi conducción al trazado de la carretera: se refieren a la dirección general de la calzada, pero también a sus inflexiones, curvas y cruces. La carretera, legible así con mucha antelación, resulta menos peligrosa.

Los árboles proporcionan también una referencia en materia de velocidad: un efecto de desplazamiento lateral hace «visible» la velocidad, de ahí este interesante experimento inglés realizado en 2010 en el condado de Norfolk, al noreste de Londres [19]: en las inmediaciones de zonas urbanizadas, hileras de árboles cada vez más densas, colocadas cada vez más cerca de la carretera, de anchura invariable, consiguen que los conductores reduzcan la velocidad entre 3 y 5 kilómetros por hora y reducen en casi un 20% el número de accidentes de tráfico. Por ello, la plantación de árboles en los márgenes de las carreteras está aumentando en Inglaterra.

Compadezco a los conductores que se muestran indiferentes a la belleza de una carretera arbolada bajo la luz del verano y que prefieren circular a tumba abierta en lugar de disfrutar del espectáculo pacífico y profundamente civilizado que se les ofrece. Dejo la última palabra para Huguette Bouchardeau, Ministra de Medio Ambiente en 1986: «El placer del viaje es inseparable de la seguridad vial».

4
¿Por qué los árboles nos hacen tanto bien?

Nací en un árbol,
y el árbol lo han talado.
En el azufre y el asfalto
tengo que respirar.
Mis raíces corren bajo el suelo
buscando tierra húmeda.
¿Quién soy yo?
¿Qué puedo hacer en este mundo en disputa?
¿Quién soy yo?
¿Qué puedo hacer en este mundo turbulento?

Guy Béart

Pastor, lo que ves de un arbusto o de un árbol no es sino el afuera y el instante ofrecidos al ojo indiferente que no hace más que rozar la superficie del mundo. Pero a los ojos del intelecto la planta no se presenta como un objeto simple de vida humilde y pasiva, sino como un extraño propósito de trama universal.

Paul Valéry
Diálogo del árbol, 1943.

¿Por qué los árboles
nos hacen tanto bien?

Hace algunos años, en Teherán, donde hacía escala el vuelo de Singapur a París, subió y se sentó a mi lado un ingeniero francés. Habiendo reparado enseguida en que uno y otro amábamos los árboles, pasamos una parte de la noche hablando de ellos y me dijo: «Ya seas oceanógrafo o músico, payaso, médico, arzobispo o proxeneta, tarde o temprano te preguntarás si tu trabajo merece realmente la pena: "¿no estaré perdiendo el tiempo o, lo que es peor, perjudicando a las personas a las que quiero?" De casi todas las actividades humanas podría decirse que suscitan dudas sobre su utilidad. Solo hay una excepción, me dijo, solo hay una actividad que está por encima de toda sospecha: plantar árboles». Una frase que nunca he olvidado.

Los árboles son profundamente útiles al género humano, y tenemos con ellos una deuda diaria de la que quizá no seamos conscientes. Imaginen esta pequeña y mundana escena.

Concluida la sesión matinal en el Palais-Bourbon, aparca usted su Twingo a la sombra de los tilos del bulevar Saint-Germain, frente a La Petite France, como acostumbra. Hablar le ha dado sed, y comienza por una coca cola bien fresca; un aperitivo será suficiente: ensalada con aceite de oliva, tortilla trufada y tarta de manzana con una pizca de canela; después el patrón, alsaciano como usted, le ofrece un sorbo de ginebra añeja. Mientras disfruta de un café acompañado de un bombón de turrón, saca un Bic y, como hacen los cargos electos, firma algunos papeles urgentes; tras una aspirina para prevenir un posible dolor de cabeza, abandona a pesar suyo el frescor de la terraza y se zambulle de nuevo en el tráfico parisino. Apenas ha trascurrido una hora. Y, ¿sabe cuántos árboles han contribuido a sus actividades y a su bienestar? No menos de catorce, de los que ocho son europeos, el tilo, el olivo, el roble para las trufas, el manzano, el enebro, el pino silvestre para el papel, el almendro para el turrón y el sauce para la aspirina; dos proceden de América, la coca para la bebida y el árbol del caucho para los neumáticos; dos son de África, la nuez de cola y el cafeto. Y no cuento ni la madera de su mesa, ni los néctares y pólenes utilizados para hacer el turrón, ni las feas palmeras en maceta que se supone decoran la terraza de La Petite France, ni los desconocidos árboles que, varios cientos de millones de años después, han entrado en la composición de los hidrocarburos que quema el Twingo.

Sin prestar atención, vivimos rodeados de árboles que, sin pedir nada a cambio, han venido de todo el mundo para prestarnos innumerables servicios. Y es que, habiendo adoptado como sistema su discreción natural, son modestos y poco habladores.

En suma, nuestro pequeño espectáculo urbano nos ofrece las cuatro funciones clásicas de las plantas útiles y, en particular, de los árboles: alimento, medicina, ornamento y producción de materias primas para la industria. Justo es recordar que también tienen una función de purificación del aire, como se ha mencionado anteriormente.

Pero sería poco considerado limitar a estas clásicas funciones «materiales» los beneficios que debemos a los árboles. Quisiera mencionar ahora las acciones más sutiles pero igualmente beneficiosas que ejerce su sola presencia sobre nuestra vida mental, nuestros estados de conciencia, nuestra psique. ¿Saben que ver árboles reduce la violencia?

En Chicago, ciudad que todavía evoca el tráfico de drogas y los crímenes cometidos por la mafia, investigadores de la Universidad de Illinois cruzaron los informes policiales sobre agresiones con un mapa de los (escasos) espacios verdes; los resultados hacen honor a los árboles: cuantos más hay, menos agresiones se producen. «Las plantas hacen que la gente salga, que se reúna y observe el entorno. No sólo hay menos grafitis en torno a los árboles, sino que hay más gente a su alrededor —como han demostrado otros estudios— y, en consecuencia, son más los adultos que velan y acompañan a los niños Los jardines relajan, las cosas van mejor. Los troncos de los árboles no sirven de escondite a los delincuentes. En fin, la pulcritud de los parques y del césped es señal de una vigilancia que disuade de robos y asaltos» [4]. Las encuestas también revelan que la violencia urbana depende de lo que los residentes de los barrios abandonados de Chicago puedan ver desde sus casas. Aquellos cuyas ventanas dan a paredes grises consideran que sus problemas son insuperables, y ven en la violencia una de las pocas escapatorias que les quedan; por el contrario, los que ven árboles tienen relaciones más tranquilas con sus hijos y cónyuges. El mecanismo implicado podría guardar relación con la fatiga mental: rodeado de cemento, uno es incapaz de concentrarse, pero quienes ofrecen a sus ojos la ocasión de abandonarse en el follaje, sin punto fijo, descansan la vista, escapan mejor de la fatiga mental y fortalecen su capacidad de atención [4, 20, 21]. Puede que a los universitarios de Chicago les sorprenda que laboriosos cálculos estadísticos arrojen tales resultados, pero para quienes conocen y aman los árboles, estas conclusiones son de sentido común. El árbol, una «herramienta preciosa en manos del urbanista», decía Le Corbusier [22].

No voy a entrar en los numerosos testimonios que ponen de manifiesto que la plantación de árboles en recintos escolares implica una mayor asistencia y una mejor disciplina de los estudiantes de colegios e institutos.

El mundo penitenciario no es de mi competencia pero, como todo el mundo, sé que engendra violencia. He visitado algunas de nuestras prisiones francesas y, si yo mismo fuera un recluso, vería en la ausencia de vegetación la voluntad de castigar. De ahí la sugerencia de que las cárceles dejen de limitarse a bloques de hormigón y se construyan alrededor de grupos de árboles, o incluso de una parcela forestal. Los detalles técnicos aún están por resolver, pero eso no debería ser un obstáculo; la cuestión básica es si los presos deben ser castigados o si se pretende que recuperen sus lazos con la vida normal concediéndoles un paseo diario entre los árboles.

¿Sabían que también tienen un efecto beneficioso sobre nuestra salud? Hay analogías entre los problemas de las prisiones y los de los hospitales. «El Dr. Robert Ulrich, de la Universidad A&M de Texas, dividió en dos un grupo de pacientes que se recuperaban de la misma operación de vesícula biliar. 23 despertaron y se recuperaron en una habitación con vistas a un árbol; otros 23 frente a una pared de ladrillos. Los pacientes que vieron el árbol utilizaron menos analgésicos, sufrieron menos complicaciones y volvieron antes a casa» [4, 23, 24].

No insistiré en el papel del árbol en nuestras actividades artísticas, tan conocido que bastará con algunos testimonios.

«Todos los que tienen conocimientos científicos comprenden que una pieza musical y un árbol tienen algo en común, que uno y otro son creados por leyes igualmente lógicas y simples» (Anton Chéjov [25]).

«Con más fuerza y pureza que el más bello edificio humano, el árbol nos da un ejemplo de equilibrio perfecto entre la función, la estructura, la forma y la acción: exactitud y armonía llamadas belleza» (Abel Hermant, arquitecto [26]).

Durero, Brueghel, le Lorrain, Rubens, Rembrandt, Ruisdael, Turner y Constable, Corot,

Dauchez, Cezanne y Mondrian, Fernando Fueyo o Heather Haynes y también muchos otros: resulta evidente que pintores, grabadores y dibujantes han encontrado una importante fuente de inspiración en el estudio de los árboles.

Giuseppe Penone, escultor, merece una mención especial. En primer lugar, porque logra la proeza de hacer emerger del centro de un tronco, allí donde estaba encerrado como en un ataúd, el árbol joven con sus ramas; en segundo lugar, porque le tengo mucho aprecio (ilustración 6).

La mirada del poeta también se siente atraída y solicitada por el árbol. «Llegan los días de floración / y los tilos en su redonda empalizada / difunden con su sombra un aroma irresistible / la gente que pasea bajo los tilos / con sus sombreros de verano respira / este fuerte olor inexplicable, / pero familiar para el olfato de las abejas» (Boris Pasternak [25].

No me detendré en el papel de los árboles en la constitución de los mitos que fundaron las religiones; tampoco en la posibilidad de que puedan conducirnos a estados psíquicos superiores. Para Mircea Eliade, estudioso de las religiones, el ser humano es, ante un árbol, «capaz de acceder a la más alta espiritualidad: al comprenderlo como símbolo, logra vivir lo universal» [27].

Ilustración 6. *La obra de Giuseppe Penone.*

Al eliminar la madera excedentaria, el escultor consigue que el árbol joven con sus ramas surja del centro de un tronco viejo y de gran diámetro. No se trata de una mera ilusión: la obra es el resultado directo de la forma en que crece el árbol.

Debe haber una explicación para tanta connivencia entre nosotros y ellos. ¿Será porque la evolución biológica hizo que el primate humano naciera en lo alto de los árboles? «El hombre desciende del mono», dijo Darwin. La ciencia contemporánea ha refrendado esta idea. Las investigaciones del paleoantropólogo Yves Coppens, profesor del Collège de France, demuestran que el *Homo*, el género zoológico al que pertenecemos, apareció hace 30 millones de años en el dosel de los bosques ecuatoriales de África oriental. La verticalidad del cuerpo del *Homo sapiens*, la proximidad de nuestros ojos, nuestras manos provistas de uñas en lugar de garras, nuestro hábito de vivir en sociedad, nuestra aptitud para el lenguaje y nuestra capacidad para aprender a lo largo de la vida deben interpretarse como vestigio de nuestros orígenes arborícolas [28].

5
Un añadido a los derechos humanos

Un añadido a los derechos humanos

Hemos visto aparecer poco a poco, de los árboles hacia nosotros, una suerte de línea de seguridad fraterna y amigable, como la que se instala en la cubierta de un velero de alta mar para evitar que los marineros caigan por la borda con mal tiempo. La línea de beneficios que los árboles nos aportan arranca del hecho de que propiciaron nuestro nacimiento y de que les debemos la estructura física de los animales arborícolas que todavía conservamos; pasa por purificar el aire que respiramos, por combatir el efecto invernadero, por proporcionar los alimentos, las medicinas y las materias primas de las que se abastece la industria; y se prolonga, por último, en la capacidad que tienen de apaciguarnos, restablecer nuestra salud, regular nuestro comportamiento colectivo, satisfacer nuestras necesidades estéticas e incluso conducirnos a estados psíquicos superiores como la espiritualidad a través de su sola presencia, sin necesidad siquiera de contacto. «Los árboles, dice mi amigo Jean-Claude Combe, son consustanciales a nosotros; para un ser humano es tan natural vivir cerca de ellos como tener un padre y una madre». Para el filósofo Robert Dumas, el árbol es el «tutor de la humanidad» [29]; tan rica y profunda es su influencia sobre nosotros, que nos da la posibilidad de comportarnos como verdaderos seres humanos: tal es el buen uso de los árboles.

Me gustaría concluir este llamamiento sugiriéndoles a ustedes, los representantes electos, que a partir de ahora hagan campaña por la inclusión de estos pocos artículos en la Declaración Universal de los Derechos Humanos:

«Considerando que, sin árboles, no podemos ejercer plenamente nuestra condición humana, y que su compañía es un derecho humano fundamental, nadie podrá ser alejado de la vista de los árboles, ni privado de su presencia.

»Siendo todos los seres humanos iguales ante los árboles, nadie podrá arrogarse unilateralmente el derecho de maltratarlos o destruirlos. El uso de los árboles puede ser legítimo, pero debe basarse en un amplio consenso.

»Colectivamente, la actitud de nuestra sociedad hacia los árboles se regirá por estas dos palabras clave: comprensión y respeto.»

Montpellier, junio de 2011.

Diez mandamientos
a propósito de los árboles

Diez mandamientos
a propósito de los árboles

Respeto. Los árboles son seres vivos, tan vivos como ustedes y yo. Más aún: son nuestros protectores. Concédanles el respeto que se les debe como seres vivos y no los traten nunca con desprecio, como si no fueran más que mobiliario urbano.

Anticipación. Antes de planificar un edificio o un nuevo barrio, cuenten con un urbanista que sepa disponer primero los espacios verdes y los árboles de alineación; la edificación ha de venir solo después.

Competencia. Aprendan a rodearse de los profesionales más competentes en la elección de las especies, la plantación, las podas de formación, el corte de madera muerta y los diagnósticos de seguridad.

Previsión. Prevean, por cada árbol plantado, un espacio suficiente para el desarrollo de su copa y de sus raíces cuando sea adulto: esto hará que las podas sean innecesarias. No olviden nunca que un árbol sin podar no es peligroso.

Modestia. No planten nunca grandes ejemplares para causar impresión: es a la vez una pérdida de tiempo y un despilfarro financiero. La ostentación y los árboles no se llevan bien.

Honestidad. No crean —ni pretendan hacer creer— que diez árboles jóvenes pueden reemplazar un gran y viejo árbol abatido: es una falsedad social, ecológica y financiera.

No-violencia. No poden las ramas ni las raíces de un árbol salvo que sea de imperiosa necesidad. No es estético y vuelve peligroso al árbol.

Civismo. Muéstrense inflexibles con los comportamientos indolentes e incívicos con los árboles urbanos: impactos, mutilaciones, etc. Soportan mal cualquier forma de agresión.

Protección. No olviden nunca que abatir los árboles de las carreteras no es en ningún caso una respuesta adaptada a los problemas de la seguridad vial.

Gratitud. Amar los árboles es otra manera de amar a los seres humanos. Amen a los árboles y tendrán la satisfacción de constatar que los conciudadanos les testimoniarán su gratitud.

Bibliografía

1. Serres, Michel, «Soyez des arbres!», *Le Pèlerin*, 2010, 6632, pp. 5-8.

2 . Lynch, A. J. J., Barnes, R. W., Cambacèdes, J., Vaillancourt, R. E., «Genetic Evidence that *Lomatia tasmanica* Is an Ancient Clone», *Australian Journal of Botany*, 1998, 46, pp. 25-33.

3. Van Hoven, Wouter, «Mortalities in Kudu Populations Related to Chemical Defense in Trees», en Edelin, C. (ed.), *L'Arbre: biologie et développement* (actas del 2º coloquio internacional sobre el árbol, Montpellier), *Naturalia Monspeliensia*, 1991, número fuera de serie A7.

4. Nougaret, Marie-Paule, *La Cité des plantes: en ville au temps des pollutions*, Actes Sud, Arles, 2010.

5. King, John, *Reaching for the Sun. How Plants Work*, Cambridge University Press, New York, 1997.

6. Arehart-Treichel, Joan, «Negative Ions May Offer Unexpected MH Benefit», *Psychatric News*, 2007, 42, 1.

7. Nowak, D. J., «Assessing Environmental Functions and Values of Veteran Trees», en *The Trees of History, Protection and Exploitation of Veteran Trees* (actas del congreso internacional de Turín, 1 y 2 de abril de 2004), 2004. www.fsagx.ac.be/pc/documents/txt_turin 2004.pdf.

8. Smith, William H., *Air Pollution and Forests. Interactions between Air Contaminants and Forest Ecosystems*, Springer-Verlag, New York, Heidelberg, Berlín, 1981.

9. Heisler, G. M., «Energy Saving with Trees», *Journal of Arboriculture*, 1986, 12, 5, pp. 113-125.

10. Mollie, Caroline, *Des arbres dans la ville. L'urbanisme végétal*, Actes Sud-Cité verte, Arles, 2009.

11. Lieutaghi, Pierre, *Le Livre des arbres, arbustes et arbrisseaux*, nueva edición, Actes Sud, Arles, 2004.

12. Drénou, Christophe, *Face aux arbres. Apprendre à les observer pour les comprendre*, Ulmer, París, 2009.

13. Drénou, Christophe (coord.), *Les Racines, face cachée des arbres*, Institut pour le développement forestier, París, 2006.

14. Asselineau, Eléa, y Domenech, Gilles, *Les Bois raméaux fragmentés: de l'arbre au sol*, Editions du Rouergue, Rodez, 2007.

15. Pradines, Chantal, *Infrastructures routières: les allées d'arbres dans le paysage*, 5ª conferencia de los Estados miembros del Consejo de Europa sobre la Convención europea del paisaje, Estrasburgo, 30-31 marzo 2009.

16. Pradines, Chantal, «Alignements d'arbres et sécurité routière», *RGRA*, 2011, nº 891, pp. 53-63.

17. *L'insécurité routière. Les accidents de la route sont-ils une fatalité?* (informe de la Academia de Ciencias Morales y Políticas, bajo la dirección de Marianne Bastid-Bruguière), Presses universitaires de France, París, 2003.

18. www.arbresetroutes.fr–arbres-et-routes@orange.fr

19. [J.-P. Ch.], *Arbres le long des routes: l'étonnant exemple anglais*, L'Indépendant, 16 septiembre 2010.

20. Kuo, F. E., y Sullivan, W. C., «Environment and Crime in the Inner City. Does Vegetation Reduce Crime?», *Environment and Behaviour*, 2011, 33 (4).

21. Kuo, F. E., y Sullivan, W. C., «Aggression and Violence in the Inner City. Effects of Environment via Mental Fatigue», *Environment and Behaviour*, 2011, 33 (4).

22. Le Corbusier, *Quand les cathédrales étaient blanches. Voyage au país des timides*, Plon, París, 1937.

23. Ulrich, R. S., «View through a Window May Influence Recovery from Surgery», *Science*, 1984, 224 (4647).

24. Mitchell, R., Popham, F., «Effects of Exposure to Natural Environment on Health Inequalities: an Observational Population Study», *The Lancet*, 2008, 372 (9650), pp. 1655-1660.

25. Citado por Rigoni Stern, Mario, *Arbres en liberté*, La Fosse aux ours, Lyon, 1998.

26. Hermant, A., «Structures et formes naturelles. Géometrie et architectures des plantes», *Techniques et Architecture*, 1946, 6 (9-10), pp. 421-431.

27. Eliade, Mircea, *Traité d'histoire des religions*, Payot, París, 1949.

28. Hallé, Francis, *Plaidoyer pour l'arbre*, Actes Sud, Arles, 2005.
   Alegato por el árbol. Trad. Lander Renteria. Libros del Jata, Bilbao 2019.

29. Dumas, Robert, *Traité de l'arbre. Essai d'une philosophie occidentale*, Actes Sud, Arles, 2010.

30. Dellas, David, *Arbres et arbustes en champagne*, Actes Sud, Arles, 2010.

31. Mansion, Domenique, *Les Trognes: l'arbre paysan aux mille usages*, Éditions Ouest-France, Rennes, 2010.

Para su consulta

Atelier de l'Arbre,
43, avenue Georges-Pompidou
BP 2061
24002 Périgueux Cedex
wmoore@arbre.net – www.arbre.net

Agradecimientos

Un trago de Pacherenc-du-Vic-Bilh a la salud de Alain Canet, director de *Arbre & Paysage* 32 y presidente de la Asociación Francesa de agro-silvicultura, quien está en el origen de este libro, y mi mayor reconocimiento a todos los que me ayudaron a realizarlo, con sus ideas, sus críticas y sus ánimos: Anne Ambellan, Corinne Bourgery, Anne Bresson-Lucas, Jacques Bruyère, Jean-Claude Combe, Philippe Danton, Marc Duplan, Odile Hallé, Caroline Mollie, Marie-Paule Nougaret, Chantal Pradines y Bruno Sirven.

Mujer saludando a los árboles
(fragmento)

[…]

Los holgazanes desde sus bancos
empiezan a darse cuenta.
Comentan entre ellos,
"Lo que hay que ver…"
La mayoría se sienta mirando
al suelo, hacia la nada, como si
no hubiera nada más que
mirar, hasta que aparece
esa mujer saludando a las ramas
de los viejos árboles.
Levantad la cabeza, amigos,
mirad hacia arriba.
Puede que descubráis más
de lo que creíais posible,
ahí donde algo puede estar
respondiendo al saludo, para decirle a ella
que ha visto lo extraordinario.

[…]

Dorothea Tanning
(trad Marina Abella)

Postfacio
de
Ignacio Abella
Escritor y naturalista

En los años 60 se puso de moda una canción francesa *Le bon Dieu s'énervait*, que comienza así: «El buen dios se enervaba en su taller. Hace tres años que planté este árbol, y no importa cuánto lo riegue; crece más despacio que mi barba… Dios mío, ¡cuánto cuesta hacer un árbol!», repite el estribillo. Por mucho que lo intente, quien nunca ha criado un árbol, difícilmente comprenderá lo que cuesta y todo lo que puede llegar a ser y representar, al margen de su valor económico. La canción resulta hoy aún más oportuna para la educación de alcaldes y políticos de toda tendencia y pelaje, que son incapaces de comprender el tiempo del árbol y se muestran invulnerables a la belleza, la magnificencia y la paz que exhalan las arboledas. Hay alguna excepción, claro. El presidente de la república, Manuel Azaña, se quejaba en noviembre de 1937 de los destrozos en el monte del Pardo, pulmón de Madrid, en el que se había pretendido construir una barriada. «Hay hombres que no están seguros de su dominio sobre la naturaleza mientras no le han dado por el pie a un árbol viejo.» —escribía en sus memorias…

Es curioso, cuando el arquitecto, el artista o el mandatario de turno realiza el proyecto faraónico con el que sueña pasar a la posteridad, no repara en la cuantía de las inversiones, ni en la necesidad de liberar un gran espacio de toda infraestructura u obstáculo. A toda costa se erigirá el edificio, el monumento o el museo, de dimensiones conformes al poder y el ego de su promotor. Pero pocos parecen dispuestos a ceder un palmo para el desarrollo de un árbol en su plenitud, quizá porque la edificación de estos seres vivos no requiere grandes dispendios y rara vez satisface las pretensiones de sus ilustrísimas. Una vez se han hecho la foto, luciendo sus zapatos impecables y una pala nueva y reluciente, el futuro del árbol se las trae al pairo.

Como el mismo Hallé señalaba en otra de sus grandes obras, *Elogio de la planta*,[†] el animal humano apenas repara en los vegetales, considerándolos poco menos que seres inertes: ciegos, mudos e insensibles. En la ciudad se diría que las plantas son meros adornos, "recursos", "mobiliario urbano". Los árboles se colocan en mínimos alcorques, como palos hincados en el suelo, y aun así, rara vez se respeta la integridad de sus raíces.

† F. Hallé, *Elogio de la planta*, Libros del Jata, 2019 (2ª ed).

A lo largo de estas páginas, Francis Hallé tiene el acierto de dirigirse a esos políticos que toman las últimas decisiones, en este marco de incultura institucionalizada. Pero, por supuesto, hay muchos otros potenciales lectores. Arbolistas, jardineros, técnicos y gestores, jefes de obras y arquitectos, urbanistas y amantes de los árboles en general encontramos en *Del buen uso de los árboles* textos claros y concisos con información básica para entender el árbol en su contexto y entorno. Algunas cuestiones pueden parecer demasiado elementales para los especialistas, pero los maltratos y vejaciones más graves son perpetrados muchas veces por los gestores mejor cualificados: ya sea por falta de empatía y de respeto hacia el ser vivo o por el sacrificio que impone el «progreso» de la urbe, siempre dispuesta a devorar árboles maduros. Se diría que cada vez es más difícil cultivar un gran ejemplar en unas ciudades cada vez más inhóspitas para la vida.

El árbol es el sueño imposible, la admiración y la envidia de arquitectos e ingenieros: un asombroso edificio capaz de autorrepararse, reproducirse y replicarse hasta el infinito, de manera casi gratuita. Una gigantesca bóveda sostenida por una sola columna, sobre unos cimientos que se extienden mucho más allá de la proyección de la cúpula, nutriendo y anclando. Una maquinaria perfecta, de extraordinaria belleza, que exhala oxígeno, que captura CO_2 y una ingente porción de contaminantes diversos. Que protege, alberga, atempera y genera un óptimo microclima físico y psíquico para el hábitat humano.

Pero como ser vivo, tiene unos requerimientos esenciales para vivir y expresarse en todo su potencial espacio-temporal. Esta realidad tan obvia, es sin embargo sistemáticamente obviada. Cuando, en 1990, un vendaval derribó al centenario Negrillu del Reconquista, en el centro de Oviedo, «los hombres que no amaban a los árboles» pusieron el grito en el cielo. La enorme mole había aplastado algún que otro coche. Nadie recordó las veces que, a lo largo de la vida de este olmo, amputaron, asfixiaron y aplastaron sus raíces con remodelaciones y obras de toda clase, que el viejo soportó mientras pudo. Los testimonios y ejemplos de la ignorancia y del absurdo son infinitos y es por ello que este libro continuará siendo por mucho tiempo de gran utilidad, para seguir contando lo evidente y también lo menos evidente.

El árbol, los árboles y el bosque, representan una oportunidad única de regeneración y cambio profundo. Una auténtica esperanza de futuro. Esta perspectiva puede servirnos para evolucionar tanto en nuestra forma de ver y entender, como en el modo de actuar. Francis Hallé nos muestra los efectos formidables de estos seres prodigiosos en la restauración de la vitalidad y la naturalidad del paisaje local y global. Pero además dibuja las líneas maestras en cuanto al modo de gestionar a los propios árboles y el entorno que ocupan, evitando los errores y horrores que vemos repitiéndose una y otra vez, generación tras generación, incluso entre los técnicos y expertos arboricultores. También aquí la ciencia pone una nota de cordura y esperanza frente a las prácticas bárbaras que dañan al árbol hasta convertirlo en una caricatura horrenda de sí mismo: amputado, decrépito, feo y enfermo, y al fin peligroso, indeseable e impopular.

Como nos recuerda el autor, no pedimos lo imposible. Hay ciudades que tratan bien a sus árboles y recordaremos aquí que, por toda la vieja Europa, nuestros ancestros supieron cultivar esta fórmula intergeneracional de convivencia que era el árbol colosal y centenario en medio de la plaza principal de cada pueblo y ciudad. Desde tiempo inmemorial hasta bien entrado el siglo XX, disfrutamos de aquella magnífica presencia en el centro mismo de las poblaciones.[†] Postales antiguas nos muestran con mucha frecuencia aquel

---

[†] [N. del E.] Véanse I. Abella, *Árboles de Junta y concejo, las raíces de la comunidad*, Libros de Jata 2015; I. Abella, *Olmos, la cultura de un árbol venerable*, Almuzara 2023

monumento central que fuera el mayor orgullo de cada localidad, por todo el continente. Olmos, tilos, robles y otros grandes árboles cuyas descripciones reflejan el asombro y la admiración que producían a propios y extraños: colosal, gigantesco, legendario, secular…

La grafiosis en el caso de los olmos, pero sobre todo la epidemia de hiperactividad que afecta al urbanismo actual, han terminado con los grandes ejemplares en muchos casos, y el regreso de estos templos de la naturaleza es cada vez más difícil, puesto que las ciudades modernas no terminan de comprender el insustituible papel de las arboledas y no están dispuestas a ceder el espacio que precisan. Hemos llegado así a este punto sin retorno en el que se impone tomar conciencia y actuar para conjurar los graves desequilibrios que generamos. El hormiguero urbano debería reinventar las viejas fórmulas de mutualismo con sus árboles tutelares, dejándose cultivar al tiempo que cultiva esa relación ancestral de primates que vuelven a ser arborícolas, con una nueva conciencia de pertenencia. Descubriremos entonces quizá, como Borges en su plaza de San Martín, que «todo sentir se aquieta bajo la absolución de los árboles», y comenzaremos a edificar futuro y realizar sueños frondosos en vez de oscuras distopías.

En su calidad de presidente del Comité de Emergencia de Científicos Atómicos, Albert Einstein declaraba en 1946: «Una nueva forma de pensar es esencial para que la humanidad sobreviva y evolucione hacia niveles más elevados». En aquel contexto del fin de la II Guerra Mundial y el apocalipsis desatado en Hiroshima y Nagasaki, se entiende muy bien la oportunidad de esta reflexión. Sin embargo, se diría que hemos aprendido poco desde entonces y la huella de conquista y aniquilación es más palpable y preocupante que nunca. En este sentido, el acierto de Hallé, con este nuevo libro del Jata, es esa apuesta por la cordura y esperanza. Hoy es posible plantar los árboles que llegarán a su plenitud en el siglo XXII; XXIII; XXIV…, si aprendemos a dejarles vivir. Y esta simple constatación debería integrarse en el nuevo paradigma de la evolución humana.

La leyenda extendida en mil y una versiones por los pueblos de las cuencas del Amazonas y el Orinoco, cuenta que, al principio de los tiempos, nuestros ancestros descubrieron el Árbol de todos los Frutos, que producía todas las clases de frutas que puedan imaginarse. Por desgracia, tuvieron la terrible idea de talarlo para obtener toda la cosecha de una vez, y el mítico árbol se perdió para siempre por su ambición. Esta pequeña historia ilustra perfectamente la sinrazón de nuestra especie, que justo ayer salió de la sombra protectora del árbol nodriza y ya tiene la ilusión de ser autónoma e independiente. La alegoría tiene un amplio sentido. Los árboles aportan toda suerte de recursos y beneficios materiales e inmateriales a una humanidad que no parece comprender su insustituible papel en infinidad de equilibrios y procesos bióticos.

El tiempo de las plantaciones
(fragmento)

[...]

En invierno,
al llegar el tiempo de las plantaciones,
me gusta contemplar
ese desfile de jardineros desarmados
cruzando la ciudad,

llevando sobre sus hombros
en lugar de fusiles
árboles dormidos.

Esa imagen es para mí
tan hermosa
que vence toda la sinrazón
de la barbarie en la que estamos.

[...]

Julia Otxoa,
San Sebastián, 1953

La presente edición, primera en español, de
DEL BUEN USO DE LOS ÁRBOLES,
del botánico francés Francis Hallé,
terminó de imprimirse en
Basauri, Bizkaia,
en marzo,
2024.

Otros libros del autor

ELOGIO DE LA PLANTA: POR UNA NUEVA BIOLOGÍA
FRANCIS HALLÉ
Traducción: Lander Renteria
360 págs. 152 × 240 mm
colección La mirada atenta
2ª edición; ISBN: 9788416443093

«Es un libro absolutamente maravilloso para entender el mundo de las plantas y poder conocer de cerca los organismos que nos dan la vida [...] Fue mi libro elegido cuando en La Vanguardia me pidieron que recomendara un libro para Sant Jordi».

J. M. Mulet, *Tomates con genes* (jmmulet.naukas.com)

ALEGATO POR EL ÁRBOL
Francis Hallé
Traducción: Lander Renteria
360 págs. 152 × 240 mm
colección La mirada atenta
1ª edición; ISBN: 9788416443109

Una magnífica introducción al mundo de los árboles. Al extenso conocimiento de su autor, se unen la vivacidad del auténtico contador de historias y la precisión y capacidad expresiva de un dibujante nato. La primera parte se dedica a diversas cuestiones de su biología y estructura: ¿De cuántas maneras se puede «ser árbol»? ¿Cómo se las arreglan para vivir tanto tiempo?... A continuación se presentan algunas especies, en retratos individuales que se pueden leer como narraciones independientes. Por último, Hallé dirige su mirada a la inveterada relación entre árboles y seres humanos.

«[…] invita a una lectura amena y descriptiva, a veces rayana en el estilo de la literatura de viajes, en el que Hallé transmite sus amplias experiencias recorriendo numerosas zonas del planeta para conocer la estructura de los árboles, el funcionamiento de los bosques y sus intensas relaciones con el ser humano. […] hay que felicitar el trabajo realizado en la traducción […]»

E. Laguna, *Collectanea Botanica* 39, 2020.

Manifiesto por un bosque primario en Europa occidental

Francis Hallé
Traducción: Fernando Calderón Quindós
y Beatriz Coca Méndez
80 págs. 110 × 170 mm
colección Semillas
1ª edición; ISBN: 9788416443178

En este pequeño librito, Francis Hallé nos detalla su visión general del proyecto de creación de un bosque primario, su vocación transfronteriza, su origen, su desarrollo actual y las expectativas de futuro. Se trata de una utopía genial y a muy largo plazo: requerirá un lapso de entre 5 y 10 siglos  para hacerse realidad, y puede que de ella disfruten las generaciones venideras... A la vez, parece algo muy necesario. Hoy en día, en nuestro mundo desarrollado europeo no nos quedan más que pequeños retazos de bosques secundarios (humanizados) o meras plantaciones madereras (a las que, abusivamente, suelen llamar bosques). El referente más cercano sería el bosque de Bialowieza (en la frontera entre Polonia y Bielorrusia), en el que todavía se mantiene el bisonte europeo. **Una interesante reflexión sobre las necesidades actuales de conservación.**

Otros títulos

«[…] el vitoriano Ignacio Abella Mina es uno de los expertos que más y mejor ha glosado el papel de los grandes árboles de la Península ibérica, como depositarios de extraordinarios valores naturalísticos y culturales. desde su experimentada visión etnográfica, sus libros han sabido retratar el fino hilo conductor que une a las sociedades y a los árboles monumentales y singulares a lo largo de la historia […]»

[E. Laguna, revista *Conservación vegetal*]

Los paisajes que nos rodean son una herencia de las generaciones que nos precedieron, que los fueron modelando durante siglos puesto que en ellos estaba su vida. […] un recorrido algunos de los paisajes más significativos, hasta hace bien poco, para la economía rural del norte peninsular y de la Europa atlántica, para entenderlos por sus usos, sus formas de manejo y otros aspectos culturales…

« […] un libro ameno que hará reflexionar sobre la condición humana y sus imbricaciones con el medio natural. Sin duda, una obra que conviene tener en nuestra biblioteca.»

[Emilio Laguna, revista *Quercus*]

« […] La nueva y esmerada traducción no solo amplía el público lector […] sino que mejora y completa aspectos de ediciones anteriores»

[Santos Casado, revista *Quercus*]